Química Essencial

Química Essencial

Para leigos

John T. Moore

ALTA BOOKS
E D I T O R A
Rio de Janeiro, 2020

Química Essencial Para Leigos®
Copyright © 2020 da Starlin Alta Editora e Consultoria Eireli. ISBN: 978-85-508-1571-8

Translated from original Chemistry Essentials For Dummies®. Copyright © 2019 by John Wiley & Sons, Inc. ISBN 9781119591146. This translation is published and sold by permission of John Wiley & Sons, Inc., the owner of all rights to publish and sell the same. PORTUGUESE language edition published by Starlin Alta Editora e Consultoria Eireli, Copyright © 2020 by Starlin Alta Editora e Consultoria Eireli.

Todos os direitos estão reservados e protegidos por Lei. Nenhuma parte deste livro, sem autorização prévia por escrito da editora, poderá ser reproduzida ou transmitida. A violação dos Direitos Autorais é crime estabelecido na Lei nº 9.610/98 e com punição de acordo com o artigo 184 do Código Penal.

A editora não se responsabiliza pelo conteúdo da obra, formulada exclusivamente pelo(s) autor(es).

Marcas Registradas: Todos os termos mencionados e reconhecidos como Marca Registrada e/ou Comercial são de responsabilidade de seus proprietários. A editora informa não estar associada a nenhum produto e/ou fornecedor apresentado no livro.

Impresso no Brasil — 1ª Edição, 2020 — Edição revisada conforme o Acordo Ortográfico da Língua Portuguesa de 2009.

| **Produção Editorial**
Editora Alta Books

Gerência Editorial
Anderson Vieira

Gerência Comercial
Daniele Fonseca | **Produtor Editorial**
Thiê Alves | **Marketing Editorial**
Livia Carvalho
marketing@altabooks.com.br

Coordenação de Eventos
Viviane Paiva
comercial@altabooks.com.brw | **Editor de Aquisição**
José Rugeri
j.rugeri@altabooks.com.br

Ouvidoria
ouvidoria@altabooks.com.br |

| **Equipe Editorial**
Ian Verçosa
Illysabelle Trajano
Juliana de Oliveira | Maria de Lourdes Borges
Raquel Porto
Rodrigo Dutra
Thales Silva | **Equipe Design**
Larissa Lima
Paulo Gomes | |

| **Tradução**
Eveline Vieira Machado | **Copidesque**
Alessandro Thomé

Revisão Gramatical
Wendy Campos
Thamiris Leiroza | **Revisão Técnica**
Rowilson de Souza Ribeiro Júnior
Bacharel em Química pela Unicamp | **Diagramação**
Lucia Quaresma |

Publique seu livro com a Alta Books. Para mais informações envie um e-mail para autoria@altabooks.com.br

Obra disponível para venda corporativa e/ou personalizada. Para mais informações, fale com projetos@altabooks.com.br

Erratas e arquivos de apoio: No site da editora relatamos, com a devida correção, qualquer erro encontrado em nossos livros, bem como disponibilizamos arquivos de apoio se aplicáveis à obra em questão.
Acesse o site **www.altabooks.com.br** e procure pelo título do livro desejado para ter acesso às erratas, aos arquivos de apoio e/ou a outros conteúdos aplicáveis à obra.

Suporte Técnico: A obra é comercializada na forma em que está, sem direito a suporte técnico ou orientação pessoal/exclusiva ao leitor.

A editora não se responsabiliza pela manutenção, atualização e idioma dos sites referidos pelos autores nesta obra.

Ouvidoria: ouvidoria@altabooks.com.br

Dados Internacionais de Catalogação na Publicação (CIP) de acordo com ISBD

M821q   Moore, John T.
           Química Essencial Para Leigos / John T. Moore. - Rio de Janeiro : Alta Books, 2020.
           192 p. : il. ; 14cm x 21cm. - (Para Leigos)
 	
           Tradução de: Chemistry Essentials For Dummies
           Inclui índice.
           ISBN: 978-85-5081-571-8
 	
           1. Química. I. Título. II. Série.
 	
2020-729   CDD 540
                                                   CDU 54
 	
Elaborado por Vagner Rodolfo da Silva - CRB-8/9410

Rua Viúva Cláudio, 291 — Bairro Industrial do Jacaré
CEP: 20.970-031 — Rio de Janeiro (RJ)
Tels.: (21) 3278-8069 / 3278-8419
ALTA BOOKS www.altabooks.com.br — altabooks@altabooks.com.br
EDITORA www.facebook.com/altabooks — www.instagram.com/altabooks

Sobre o Autor

John T. Moore cresceu na região montanhosa, na zona oeste da Carolina do Norte. Frequentou a Universidade da Carolina do Norte, em Asheville, graduando-se em Química. Fez doutorado em Química na Furman University, em Greenville, Carolina do Sul. Depois de servir ao Exército dos EUA, decidiu tentar o magistério. Em 1971, entrou para o corpo docente de Química da Stephen F. Austin State University, em Nacogdoches, Texas, onde ainda dá aulas. Em 1985, voltou para a escola em meio período, e em 1991, recebeu seu título de doutor em Educação na Texas A&M University.

A área de especialização de John é o ensino de Química, sobretudo nos ensinos fundamental e médio. Nos últimos anos, ele foi coeditor (junto de um de seus ex-alunos) da coluna *Chemistry for Kids* do *The Journal of Chemical Education*. É autor dos livros *Química Para Leigos* (Alta Books) e *Chemistry Made Simple* [sem publicação no Brasil], e coautor dos livros *5 Steps to A 5. AP Chemistry*, *Chemistry for the Utterly Confused* e *Biochemistry For Dummies* [também sem publicação no Brasil].

John mora em Nacogdoches, Texas, com sua esposa, Robin, e dois cachorros. Ele gosta de produzir sua própria cerveja e seu hidromel, e cria cabos de faca personalizados com madeiras exóticas. Adora cozinhar. Seus dois filhos, Jason e Matt, moram nas montanhas da Carolina do Norte com seus netinhos gêmeos, Sadie e Zane.

Sumário Resumido

Introdução 1

CAPÍTULO 1: Matéria e Energia: Explorando os Materiais da Química 5
CAPÍTULO 2: O que Existe em um Átomo? 17
CAPÍTULO 3: Tabela Periódica 35
CAPÍTULO 4: Química Nuclear 45
CAPÍTULO 5: Ligação Iônica 57
CAPÍTULO 6: Ligação Covalente 71
CAPÍTULO 7: Reações Químicas 89
CAPÍTULO 8: Eletroquímica: Usando Elétrons 113
CAPÍTULO 9: Medindo Substâncias com o Mol 127
CAPÍTULO 10: Saudação às Soluções 137
CAPÍTULO 11: Ácidos e Bases 147
CAPÍTULO 12: Esclarecendo os Gases 161
CAPÍTULO 13: Dez Descobertas Curiosas na Química 171

Índice 175

Sumário

INTRODUÇÃO 1
    Sobre Este Livro 1
    Convenções Usadas Neste Livro 2
    Penso que... 2
    Ícones Usados Neste Livro 3
    De Lá para Cá, Daqui para Lá 3

CAPÍTULO 1: Matéria e Energia: Explorando os Materiais da Química 5
    Conhecendo os Estados da Matéria e Suas Mudanças 6
        Sólidos, líquidos e gases 6
        Condensando e solidificando 7
        Fusão e ebulição 8
        Pulando os líquidos: Sublimação 9
    Substâncias Puras e Misturas 10
        Substâncias puras 10
        Jogando misturas na confusão 11
    Medindo a Matéria 12
    Que Belas Propriedades Você Conseguiu 13
    Tipos de Energia 14
        Energia cinética 15
        Energia potencial 15
    Temperatura e Calor 16

CAPÍTULO 2: O que Existe em um Átomo? 17
    Partículas Subatômicas 17
    Centralizando no Núcleo 19
    Localizando Elétrons 21
        Modelo da mecânica quântica 21
        Número quântico principal n 22
        Número quântico do momento angular l 23
        Número quântico magnético m_l 25
        Número quântico spin m_s 25

Juntando os números quânticos........................25
Diagramas do nível de energia.........................26
O temido diagrama do nível de energia................27
Configurações do elétron.............................29
Elétrons de valência: Dicas sobre reações químicas..........30
Isótopos e Íons..31
Isótopos: Nêutrons variáveis.........................31
Íons: Elétrons variáveis..............................32
Ganhando e perdendo elétrons......................32
Escrevendo as configurações do elétron..............33
Prevendo os tipos de ligações.......................33

CAPÍTULO 3: Tabela Periódica..........................35

Padrões Repetidos: Tabela Periódica Moderna.............35
Organizando os Elementos na Tabela Periódica............36
Agrupando metais, não metais e metaloides...........39
Organizando os elementos por famílias e períodos.........43

CAPÍTULO 4: Química Nuclear..........................45

Vendo como o Átomo É Formado........................45
Lidando com uma Quebra Nuclear: Balanceando as Reações.....46
Entendendo os Tipos de Decaimento Radioativo Natural........48
Emissão alfa.......................................49
Emissão beta......................................50
Emissão gama.....................................50
Emissão de pósitron................................51
Captura de elétrons................................51
Meias-vidas e Datação Radioativa.......................51
Calculando a radioatividade restante.................52
Datação radioativa.................................53
Separando Elementos com a Fissão Nuclear..............54
Defeito de massa: De onde vem toda essa energia?......54
Reações em cadeia e massa crítica...................54
Reunindo com a Fusão Nuclear.........................56

CAPÍTULO 5: Ligação Iônica 57

Formando Íons: Fazendo Trocas Satisfatórias de Elétrons 57
    Ganhando e perdendo elétrons 58
    Vendo as cargas nos íons de um átomo 60
    Agrupando átomos para formar íons poliatômicos 63
Criando Compostos Iônicos 65
    Fazendo uma ligação: Metal sódio + gás de cloro =
    cloreto de sódio...65
    Descobrindo as fórmulas dos compostos iônicos.............66
    Nomeando os compostos iônicos 68
Dicas da Ligação: Eletrólitos e Não Eletrólitos...................70

CAPÍTULO 6: Ligação Covalente 71

Fundamentos da Ligação Covalente 71
    Compartilhando elétrons: Hidrogênio como exemplo 71
    Comparando ligações covalentes com outras ligações 73
    Lidando com múltiplas ligações 74
Nomeando Compostos Covalentes Feitos de Dois Elementos 76
Escrevendo Fórmulas dos Componentes Covalentes 77
    Fórmulas empíricas.......................................77
    Fórmulas moleculares ou verdadeiras......................77
    Fórmulas estruturais: Pontos e traços......................77
Eletronegatividades: Quais Átomos Têm Mais Atração? 83
    Prevendo o tipo de ligação.................................85
    Ligação covalente polar: Criando cargas parciais 86
    Atraindo outras moléculas: Forças intermoleculares 87

CAPÍTULO 7: Reações Químicas 89

Reagentes e Produtos: Lendo Equações Químicas 90
Teoria da Colisão: Como Ocorrem as Reações 91
    Atingindo o lugar certo....................................91
    Adicionando, liberando e absorvendo energia................92
Tipos de Reações 94
    Reações de síntese: Reunindo............................94
    Reações de decomposição: Quebrando 94
    Reações de simples troca: Tirando outro elemento 95
    Reações de dupla troca: Trocando de lugar 97
    Reações de combustão: Queimando.......................99

Sumário   ix

Reações redox: Trocando elétrons......................99
Balanceando as Equações Químicas........................99
   Balanceando o processo de Haber.....................100
   Balanceando a queima do butano.....................101
Entendendo o Equilíbrio Químico para Frente e para Trás.......102
   Combinando taxas de mudança no processo de Haber......103
   Constantes: Comparando quantidades
      de produtos e reagentes...............................104
Princípio de Le Chatelier: Obtendo Mais (ou Menos) Produto....105
   Mudando a concentração...............................105
   Mudando a temperatura................................106
   Mudando a pressão....................................106
Cinética Química: Mudando as Velocidades da Reação.........107
Vendo Como os Catalisadores Aceleram as Reações...........109
   Catalisador heterogêneo: Dando um melhor
      destino aos reagentes.................................110
   Catalisador homogêneo: Oferecendo um caminho mais fácil..111

CAPÍTULO 8: Eletroquímica: Usando Elétrons..............113

Transferindo Elétrons com Reações Redox....................113
   Oxidação...114
   Redução..115
   A perda de um é o ganho do outro.......................116
   Números de oxidação..................................117
Balanceando as Equações Redox...........................119
Explorando Células Eletroquímicas..........................123
   Células galvânicas: Obtendo eletricidade
      com reações químicas................................123
   Células eletrolíticas: Obtendo reações químicas
      com a eletricidade...................................124
   Dois modos com baterias recarregáveis...................125

CAPÍTULO 9: Medindo Substâncias com o Mol.............127

Contando por Peso.......................................128
Mols: Bom Uso do Número de Avogadro.....................129
   Definindo o mol.......................................129
   Calculando peso, partículas e mols.......................130
   Encontrando as fórmulas dos compostos..................131

Reações Químicas e Mols 132
Estequiometria da reação 133
Porcentagem do rendimento 134
Reagentes limitantes 135

CAPÍTULO 10: Saudação às Soluções 137

Misturando Coisas com Solutos, Solventes e Soluções 137
Como acontece a dissolução 138
Limites da concentração 138
Fatos saturados 139
Entendendo as Unidades de Concentração da Solução 140
Porcentagem da composição 140
Molaridade: Comparando soluto com solução 143
Molalidade: Comparando soluto com solvente 145
Partes por milhão 145

CAPÍTULO 11: Ácidos e Bases 147

Observando as Propriedades dos Ácidos e das Bases 147
Teoria Ácido-base de Brønsted-Lowry 148
Entendendo Ácidos e Bases Fortes e Fracos 149
Forte: Ionizando até o fim 149
Cloreto de hidrogênio e outros ácidos fortes 150
Bases fortes: Íons hidróxido 151
Fraco: Ionizando parcialmente 152
Ácido acético e outros ácidos fracos 152
Bases fracas: Amônia 154
Reações de Ácido-base: Usando o Sistema Brønsted-Lowry 154
Agindo como ácido ou base: Água anfótera 155
Mostrando as Cores Reais com Indicadores de Ácido-base 156
Fazendo um teste de cor rápido com papel de tornassol 156
Fenolftaleína: Encontrando a concentração com titulação 157
Divirta-se com a Escala de pH 158

CAPÍTULO 12: Esclarecendo os Gases 161

Teoria Molecular Cinética: Suposições sobre Gases 161
Relacionando as Propriedades Físicas e as Leis do Gás 164
Lei de Boyle: Pressão e volume 164
Lei de Charles: Volume e temperatura 165

Sumário xi

Lei de Gay-Lussac: Pressão e temperatura................167
Lei do gás combinada: Pressão, volume e temperatura.......168
Lei de Avogadro: A quantidade de gás.....................169
Equação do gás ideal: Juntando tudo......................170

CAPÍTULO 13: Dez Descobertas Curiosas na Química........ 171
Arquimedes: Pelado em Público............................171
Vulcanização da Borracha.................................172
Geometria Molecular......................................172
Corante Roxo...172
Kekulé: O Grande Sonhador................................173
Descobrindo a Radioatividade.............................173
Descobrindo Algo Realmente Liso: Teflon..................173
Cole e Solte! Notas Adesivas.............................174
Crescimento Capilar......................................174
Mais Doce que Açúcar.....................................174

ÍNDICE 175

Introdução

Meus cumprimentos por dar um passo em direção a mais descobertas sobre o que considero um tema fascinante: química. Por mais de quarenta anos, tenho estudado química. Isso inclui o tempo em que venho dando aulas, mas ainda me considero um aluno, porque descubro constantemente novos fatos e conceitos sobre esse importante e abrangente assunto.

É difícil uma atividade humana não envolver a química de algum modo. As pessoas usam produtos químicos em casa: limpadores, remédios, cosméticos etc. E os usam na escola, desde a garotinha misturando vinagre e bicarbonato de sódio para o vulcão até o graduando na Ivy League trabalhando em uma pesquisa de química.

A química trouxe novos produtos e processos para as pessoas. Muitas vezes, isso foi para o bem da humanidade, mas em outras, foi para causar danos. Mas, mesmo nesses casos, a química foi usada para corrigir a situação. Ela é, como foi dito muitas vezes, o centro da ciência.

Sobre Este Livro

Meu objetivo com este livro é lhe apresentar informações e conceitos realmente essenciais que você veria no primeiro semestre nas aulas de Química no ensino médio ou na faculdade. Omiti muitos tópicos existentes em um livro típico sobre a matéria, porque aqui a intenção é lhe dar apenas o básico.

Lembre-se, é uma abordagem leve. Se você quiser mais, há muitos outros livros disponíveis. O meu favorito, claro, é o *Química Para Leigos* (Alta Books). Acredito que o autor é um cara muito especial.

Convenções Usadas Neste Livro

Veja algumas convenções encontradas nos livros *Para Leigos*:

- » Uso *itálico* para enfatizar palavras novas e termos técnicos, seguidos de definições fáceis.

- » O texto em **negrito** marca as palavras-chave em listas de tópicos e destaca as etapas gerais a serem seguidas em uma lista numerada.

E mais, tentei organizar este livro com quase a mesma ordem dos tópicos encontrados em um curso de Química geral de um semestre. Incluí algumas figuras; consulte-as conforme for lendo. Também preste muita atenção às reações químicas que uso. Tentei usar as que você pode já conhecer ou as que são extremamente importantes na indústria.

Penso que...

Não sei sobre seus motivos exatos para escolher este guia, mas suponho que deseja saber algo sobre Química. Veja algumas dessas suposições:

- » Você pode estar tendo (ou repetindo) aulas de Química. Este livro oferece uma boa e rápida revisão para a prova final. Também pode ser um lembrete antes de partir para um novo curso, como Bioquímica ou Química Orgânica.

- » Você pode estar se preparando para algum tipo de avaliação profissional em que aparece um pouco de Química. Este livro lhe dará o básico, somente o essencial.

- » Talvez você seja um pai/mãe tentando ajudar o filho no dever de casa ou tarefa. Preste atenção no que ele está estudando no momento e tente ficar um pouco à frente.

» Por fim, pode ser que você seja o que as pessoas chamam de "aluno não tradicional"; aprendeu grande parte desse material há muito tempo, mas agora precisa de uma revisão rápida.

Seja qual for o motivo, espero conseguir lhe dar aquilo de que você precisa para ter sucesso. Boa sorte!

Ícones Usados Neste Livro

Se você leu algum outro livro *Para Leigos* (como o maravilhoso *Química Para Leigos*), reconhecerá os dois ícones usados neste livro. Veja seus significados:

LEMBRE-SE

Este ícone alerta sobre as coisas muito importantes de que você não deve se esquecer. São ideias que você provavelmente precisará memorizar para uma prova.

DICA

Este ícone indica o modo mais fácil ou rápido de entender um conceito em particular. São truques do ofício que adquiri com mais de quarenta anos ensinando química.

De Lá para Cá, Daqui para Lá

Aonde ir em seguida realmente depende de você e do motivo para usar este livro. Se tem dificuldades com um assunto em particular, vá direto ao capítulo e à seção. Se é novato, comece no Capítulo 1 e siga em frente. Se está usando o livro para revisar, dê uma olhada rápida no começo e leia mais detalhes dos tópicos que parecem um pouco confusos para você. Pode até usar o livro como um marcador em seu livro de Química normal.

Independentemente de como usar este livro, espero que ele seja útil e que você aumente seu apreço pelo maravilhoso mundo da química.

> **NESTE CAPÍTULO**
> » Entendendo os estados da matéria
> » Diferenciando substâncias puras e misturas
> » Medindo a matéria com o sistema métrico
> » Examinando as propriedades das substâncias químicas
> » Descobrindo os diferentes tipos de energia

Capítulo 1
Matéria e Energia: Explorando os Materiais da Química

Simplificando, química é um ramo inteiro da ciência sobre matéria, que é quase tudo que tem massa e ocupa espaço. Química é o estudo da composição e das propriedades da matéria e as mudanças sofridas por ela.

Matéria e energia são dois componentes básicos do Universo. Cientistas acreditavam que essas duas coisas eram separadas e distintas, mas agora perceberam que estão ligadas. Por exemplo, em uma bomba atômica ou reator nuclear, a matéria é convertida em energia (talvez um dia a ficção científica se torne realidade e seja algo comum converter o corpo humano em energia e de volta em corpo para viajar por um transportador).

Neste capítulo veremos os diferentes estados da matéria e o que acontece quando ela passa de um estado para outro. Aqui mostro como usar o sistema internacional de unidades (SI), ou sistema métrico decimal, para medir matéria e energia e descrevo os tipos de energia e como ela é medida.

Conhecendo os Estados da Matéria e Suas Mudanças

Matéria é qualquer coisa que tem massa e ocupa espaço, e ela pode existir em três estados clássicos: sólido, líquido e gasoso. Quando uma substância passa de um estado para outro, o processo é chamado de *mudança de estado* ou *mudança de fase*. Coisas bem interessantes ocorrem durante esse processo, o que explico nesta seção.

Sólidos, líquidos e gases

As partículas da matéria se comportam de modo diferente dependendo se são parte de um sólido, líquido e gás. Como mostra a Figura 1-1, as partículas podem estar organizadas ou aglutinadas, próximas ou dispersas. Nesta seção veremos os estados sólido, líquido e gasoso da matéria.

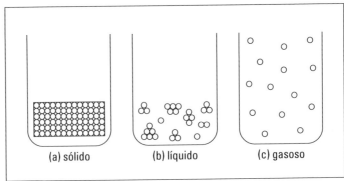

FIGURA 1-1: Estados sólido, líquido e gasoso da matéria.

Sólidos

No *nível macroscópico*, no qual você observa e sente diretamente com seus sentidos, um sólido tem uma forma definida e ocupa um volume definido. Considere um cubo de gelo no copo; é um sólido. Você pode facilmente pesar o gelo e medir seu volume.

6   Química Essencial Para Leigos

No *nível microscópico* (no qual os elementos são tão pequenos que não se pode observá-los diretamente), as partículas que compõem o sólido ficam bem próximas e não se movem muito (veja a Figura 1-1a). Isso porque, em muitos sólidos, as partículas estão posicionadas em uma estrutura rígida e organizada, de padrões repetidos chamados de *estrutura cristalina*. As partículas nessa estrutura ainda se movem, mas muito pouco; é mais como uma leve vibração. Dependendo das partículas, essa estrutura cristalina pode ter diferentes formas.

Líquidos

Diferente dos sólidos, os líquidos não têm forma definida, mas têm volume definido, como os sólidos. As partículas nos líquidos são muito mais separadas do que nos sólidos e também se movem muito mais (veja a Figura 1-1b).

Mesmo que as partículas estejam mais separadas, nos líquidos algumas ainda podem se aproximar umas das outras, se aglutinando em pequenos grupos. As forças de atração entre as partículas não são tão fortes como nos sólidos, sendo por isso que os líquidos não têm uma forma definida. Porém, essas formas são fortes o suficiente para manter a substância confinada em uma grande massa, ou seja, um líquido, em vez de viajar por todo lugar.

Gases

Um gás não tem forma nem volume definidos. Nele, as partículas ficam muito mais distantes do que nos sólidos ou nos líquidos (veja a Figura 1-1c) e se movem com relativa independência uma das outras. Por causa da distância entre as partículas e do movimento independente de cada uma, o gás se expande para preencher a área que o contém (e assim, não tem forma definida).

Condensando e solidificando

Se você resfria uma substância gasosa ou líquida, pode observar as mudanças de estado, ou *mudanças de fase*, que ocorrem. Veja as mudanças de fase quando as substâncias perdem energia:

> » **Condensação:** Quando uma substância *condensa*, ela passa de um estado gasoso para um líquido. As partículas de gás têm muita energia, mas quando resfriadas, essa energia diminui.

As forças de atração agora têm como aproximar as partículas, formando um líquido. Essas partículas se aglutinam, o que é uma característica das partículas no estado líquido.

» **Solidificação:** Uma substância se *solidifica* quando passa do estado líquido para o sólido. Como a energia é removida com o resfriamento, as partículas em um líquido começam a se alinhar, e um sólido é formado. A temperatura na qual isso ocorre é chamada de *ponto de congelamento (pc)* da substância.

DICA

Podemos resumir o processo de mudança da água de um gás para um sólido assim:

$$H_2O(g) \rightarrow H_2O(l) \rightarrow H_2O(s)$$

Aqui, *(g)* significa gás, *(l)* significa líquido e (♦) significa sólido.

Fusão e ebulição

Quando uma substância é aquecida, ela muda de sólido para líquido e para gás. Para a água, representamos a mudança assim:

$$H_2O(s) \rightarrow H_2O(l) \rightarrow H_2O(g)$$

Esta seção explica a fusão e a ebulição, as mudanças de estado que ocorrem quando uma substância ganha energia.

De sólido para líquido

Quando uma substância derrete, ela passa do estado sólido para o líquido. Veja o que acontece: se você inicia com um sólido, como o gelo, e mede a temperatura enquanto o aquece, observa que a temperatura dele começa a aumentar conforme o calor faz as partículas vibrarem cada vez mais rápido na estrutura cristalina.

Depois de um tempo, algumas partículas se movem tão rápido, que quebram a estrutura, e a estrutura cristalina (que mantém um sólido *rígido*) finalmente se rompe. O sólido começa a passar para um estado líquido, um processo chamado *fusão*. A temperatura na qual a fusão ocorre é chamada de *ponto de fusão (pf)* da substância. Esse ponto para o gelo é de 32°F ou 0°C.

LEMBRE-SE

Durante as mudanças de estado, como a fusão, a temperatura permanece constante, mesmo que o líquido tenha mais energia que o sólido. Portanto, se você observar a temperatura do gelo conforme

8   Química Essencial Para Leigos

ele derrete, verá que ela permanece invariável a 0°C até todo o gelo derreter.

DICA

O ponto de fusão (sólido para líquido) é o mesmo do ponto de congelamento (líquido para um sólido).

De líquido para gasoso

O processo pelo qual uma substância passa do estado líquido para o gasoso é chamado de *ebulição*.

Se você aquece um líquido, como um bule de água fria, a temperatura do líquido sobe, e as partículas se movem cada vez mais rápido conforme absorvem o calor. A temperatura se eleva até o líquido atingir a próxima mudança de estado: ebulição. Conforme as partículas se aquecem e se movem mais rápido, elas começam a quebrar as forças de atração entre si e se movimentam livremente como um gás, como o vapor, a forma gasosa da água.

A temperatura na qual um líquido começa a ferver é chamada de *ponto de ebulição (pe)*, e ele depende da pressão atmosférica, mas para a água no nível do mar, é de 212°F ou 100°C. A temperatura de uma substância fervendo permanece constante até toda ela ter sido convertida em gás.

Pulando os líquidos: Sublimação

A maioria das substâncias passa pela progressão lógica de sólido para líquido para gás conforme é aquecida (ou vice-versa quando é resfriada). Mas algumas vão diretamente do estado sólido para o gasoso sem se tornar líquido. Os cientistas chamam esse processo de *sublimação*. O gelo seco, dióxido de carbono sólido, escrito como $CO_2(s)$, é um exemplo clássico de sublimação. Você pode ver partes do gelo seco ficando menores conforme o sólido começa a se transformar em gás, mas nenhum líquido é formado durante essa mudança de fase.

O processo de sublimação do gelo seco é representado como

$$CO_2(s) \rightarrow CO_2(g)$$

Além do gelo seco, as bolas de naftalina e certos aromatizantes sólidos também passam pelo processo de sublimação. O inverso da sublimação é a *deposição*, ou seja, ir direto de um estado gasoso para um sólido.

CAPÍTULO 1 **Matéria e Energia: Explorando os Materiais da Química** 9

Substâncias Puras e Misturas

Um dos processos básicos na ciência é a classificação. Nesta seção, explico como toda matéria pode ser classificada como pura ou mistura (veja a Figura 1-2).

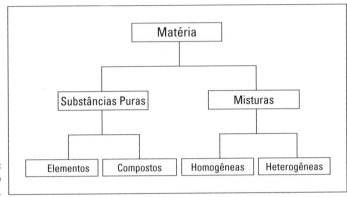

FIGURA 1-2: Classificação da matéria.

Substâncias puras

LEMBRE-SE

Uma *substância pura*, como sal ou açúcar, tem uma composição ou uma constituição definida e constante. Ela pode ser um elemento ou um composto, mas a composição de uma substância pura não varia.

Elementos

Um *elemento* é composto de um único tipo de átomo. Um *átomo* é a menor partícula de um elemento que ainda tem todas as propriedades dele. Por exemplo, se fatiamos várias vezes um pedaço do elemento ouro até uma minúscula partícula que não pode mais ser cortada sem perder as propriedades que tornam o ouro o que *ele* é, então temos um átomo (analiso as propriedades mais adiante na seção "Que Belas Propriedades Você Conseguiu").

Os átomos em um elemento têm o mesmo número de prótons. *Prótons* são partículas subatômicas, isto é, partículas de um átomo (o Capítulo 2 explica as três partículas subatômicas maiores com muitos detalhes). O importante a lembrar agora é que os elementos são os componentes constitutivos da matéria. Eles são representados na tabela periódica, que exploraremos no Capítulo 3.

Compostos

Um *composto* é constituído por dois ou mais elementos em uma proporção específica. Por exemplo, a água (H_2O) é um composto formado por dois elementos, hidrogênio (H) e oxigênio (O). Esses elementos são combinados de um modo muito específico, em uma proporção de dois átomos de hidrogênio para um átomo de oxigênio (daí, H_2O). Muitos compostos contêm hidrogênio e oxigênio, mas apenas um tem essa proporção especial de 2 para 1, e ele é chamado de *água*.

LEMBRE-SE

Um composto tem propriedades físicas e químicas diferentes dos elementos que o compõem. Por exemplo, mesmo que a água seja composta de hidrogênio e oxigênio, suas propriedades são uma combinação única dos dois elementos.

Os químicos não conseguem separar facilmente os componentes de um composto; eles têm de recorrer a algum tipo de reação química.

Jogando misturas na confusão

LEMBRE-SE

Misturas são combinações físicas de substâncias puras sem uma composição definida ou constante; a composição de uma mistura varia de acordo com quem a prepara. E cada componente dela tem seu próprio conjunto de características físicas e químicas.

Os químicos conseguem separar facilmente as diferentes partes de uma mistura com meios físicos, como a filtração. Por exemplo, suponha que você tenha uma mistura de sal e areia e deseja purificar a areia removendo o sal. É possível fazer isso adicionando água, dissolvendo o sal, e então filtrando a mistura. O resultado é areia pura.

As misturas podem ser homogêneas ou heterogêneas:

> » **Misturas homogêneas:** Às vezes chamadas de *soluções*, as misturas homogêneas são relativamente uniformes na composição. Todas as partes são iguais. Se você dissolve açúcar na água e mexe bem, sua mistura é basicamente igual, não importando a amostra obtida. Explico as soluções no Capítulo 10.

> **Misturas heterogêneas:** A composição das misturas heterogêneas varia entre as posições na amostra. Por exemplo, se você coloca açúcar em um pote e adiciona areia, depois sacode um pouco, sua mistura não tem a mesma composição em todo o pote. Como a areia é mais pesada, provavelmente haverá mais dela no fundo do pote e mais açúcar no topo.

Medindo a Matéria

Muitas vezes os cientistas fazem medições, que podem incluir coisas como massa, volume e temperatura. Se cada país tivesse seu próprio sistema de medição, a comunicação entre os cientistas ficaria muitíssimo prejudicada, portanto, eles adotaram um sistema de medição mundial para garantir que todos falem a mesma língua.

O SI (do francês *Système International*) é uma medição universal baseada no antigo sistema métrico. SI é um sistema decimal com unidades básicas para coisas como massa, comprimento, volume e prefixos que modificam as unidades básicas. Por exemplo, veja alguns prefixos SI muito úteis:

> *kilo- (k)* significa 1.000

> *centi- (c)* significa 0,01

> *mili- (m)* significa 0,001

Portanto, 1 quilograma (kg) são 1.000 gramas, e 1 quilômetro (km) são 1.000 metros. Um miligrama (mg) é 0,001 grama, ou podemos dizer que há 1.000 miligramas em 1 grama.

Veja algumas unidades SI básicas e como se comparam às unidades comuns nos EUA:

> **Comprimento:** A unidade básica de comprimento no SI é o *metro (m)*. Um metro é um pouco maior que uma jarda; 1,094 jardas correspondem a 1 metro. A conversão mais útil do SI/inglês para o comprimento é 2,54 centímetros = 1 polegada.

> **Massa:** A unidade de medida básica da massa no SI para os químicos é o *grama (g)*. E a conversão mais útil da massa é 454 gramas = 1 libra.

> **Volume:** A unidade básica para o volume no SI é o *litro (L)*. A conversão mais útil é 0,946 litro = 1 quarto de galão.

Suponha que você queira encontrar o peso de um saco de batatas de 5,0 libras em quilogramas. O esquema seria assim:

$$\frac{5,0\,\cancel{lbs}}{1} \cdot \frac{454\,g}{1\,\cancel{lb}} \cdot \frac{1\,kg}{1000\,g} = 2,3\,kg$$

Que Belas Propriedades Você Conseguiu

Quando os químicos estudam substâncias químicas, eles examinam dois tipos de propriedades:

> **Propriedades químicas:** Essas propriedades permitem que uma substância mude para outra novinha e descrevem como uma substância reage a outras. Uma substância muda para outra completamente nova quando é adicionada água, assim como o metal sódio muda para hidróxido de sódio? A substância queima no ar?

> **Propriedades físicas:** Essas propriedades descrevem a característica física de uma substância. Massa, volume e cor de uma substância são propriedades físicas, assim como sua capacidade de conduzir eletricidade. As propriedades físicas podem ser extensivas ou intensivas:
>
> - As *propriedades extensivas*, como massa e volume, dependem da quantidade de matéria presente.
>
> - As *propriedades intensivas*, como cor e densidade, não dependem da quantidade de matéria presente. Um grande pedaço de ouro, por exemplo, tem a mesma cor de um pedacinho dele.

As propriedades intensivas são especialmente úteis para os químicos porque elas podem ser usadas para identificar uma substância. Por exemplo, saber a diferença entre a densidade do

LEMBRE-SE

quartzo e a do diamante permite a um ourives avaliar com rapidez e facilidade um anel de noivado.

Densidade (d) é a proporção entre massa *(m)* e volume *(v)* de uma substância. Matematicamente, fica assim:

$$d = m/v$$

Em geral, a massa é descrita em gramas (g), e o volume é descrito em mililitros (ml), portanto, a densidade é g/ml. Como os volumes dos líquidos variam segundo a temperatura, normalmente os químicos especificam a temperatura na qual eles fizeram uma medição da densidade. A maioria dos livros de consulta informa densidades a 20°C, porque é próxima da temperatura ambiente e fácil de medir sem muito aquecimento ou resfriamento. A densidade da água a 20°C, por exemplo, é de 1 g/ml.

DICA

Às vezes você pode ver a densidade como g/cm³ ou g/cc, ambos significando *gramas por centímetro cúbico*. Essas unidades são iguais a g/ml.

Calcular a densidade é muito simples. Medimos a massa de um objeto usando uma balança ou um instrumento de medida, determinamos seu volume, então dividimos a massa pelo volume.

DICA

Com um sólido irregular, como uma pedra, é possível medir o volume usando o *princípio de Arquimedes*. Esse princípio determina que o volume de um sólido é igual ao volume da água que ele desloca. Basta constatar o volume da água em um recipiente, mergulhar o objeto sólido e checar o nível do volume de novo. A diferença é o volume do objeto.

Tipos de Energia

A matéria é um dos dois componentes do Universo. A energia é o outro. *Energia* é a capacidade de realizar trabalho.

Ela pode ter várias formas, como energias térmica, luminosa, elétrica e mecânica. Mas duas categorias gerais de energia são especialmente importantes para os químicos: energias cinética e potencial.

Energia cinética

Energia cinética é a energia do movimento. Uma bola de beisebol lançada no ar em direção ao rebatedor tem uma grande quantidade de energia cinética; pergunte a alguém que foi atingido por ela.

Muitas vezes, os químicos estudam o movimento das partículas, sobretudo dos gases, porque a energia cinética delas ajuda a determinar se certa reação pode ocorrer. Quando as partículas colidem, a energia cinética pode ser transferida entre elas, causando reações químicas.

A energia cinética pode ser convertida em outros tipos. Em uma barragem hidrelétrica, a energia cinética da queda d'água é convertida em energia elétrica. Na verdade, uma lei científica, a *lei da conservação de energia*, determina que, nas reações químicas comuns (ou processos físicos), a energia não é criada nem destruída, mas pode ser convertida de uma forma em outra.

Energia potencial

Energia potencial é a energia armazenada. Os objetos podem ter energia potencial armazenada em termos de posição. Uma bola no alto de uma árvore tem energia potencial devido à sua altura. Se ela caísse, essa energia seria convertida em energia cinética.

Mas a energia potencial devido à posição não é o único tipo. Os químicos estão muito mais interessados na energia armazenada (energia potencial) nas *ligações químicas*, que são as forças que mantêm os átomos unidos nos compostos.

O corpo humano armazena energia nas ligações químicas. Quando precisamos dessa energia, o corpo pode quebrar essas ligações e liberá-la. O mesmo acontece com os combustíveis que as pessoas normalmente usam para aquecer suas casas e movimentar seus carros. A energia é armazenada nesses combustíveis, por exemplo, a gasolina, e liberada quando ocorrem reações químicas.

Temperatura e Calor

Quando medimos, digamos, a temperatura do ar no quintal, na verdade estamos medindo a *energia cinética* média (a energia do movimento) das partículas de gás no local. Quanto mais rápido essas partículas se movimentam, mais alta é a temperatura.

LEMBRE-SE

A leitura da temperatura no termômetro está relacionada à energia cinética *média* das partículas. Algumas são mais rápidas, e outras, relativamente lentas, mas a maioria se movimenta com velocidade entre os dois extremos.

Uma pessoa nos EUA usa a escala Fahrenheit para medir as temperaturas, mas grande parte dos cientistas usa a escala de temperatura Celsius(°C) ou Kelvin (K). (*Lembre-se:* não existe o símbolo de grau associado a K.) A água ferve a 100°C (373K) e congela a 0°C (273K).

Veja algumas conversões de temperatura:

» **Fahrenheit em Celsius:** °C= $5/9$ (°F−32)

» **Celsius em Fahrenheit:** °F= $9/5$ (°C)+32

» **Celsius em Kelvin:** K= °C + 273

LEMBRE-SE

Calor não é igual a temperatura. Quando medimos a *temperatura* de algo, medimos a energia cinética média das partículas individuais. *Calor*, por outro lado, é a quantidade de energia que passa de uma substância para outra.

A unidade de calor no SI é o *joule (J)*, mas a maioria das pessoas ainda usa a unidade métrica do calor, a *caloria (cal)*. Veja a relação entre os dois:

1 caloria = 4,184 joules

Caloria é uma quantidade bem pequena de calor: o necessário para elevar a temperatura de 1 grama de água em 1°C. Normalmente eu uso *quilocaloria (kcal)*, que são 1.000 calorias, como uma medida conveniente de calor. Se você queimar completamente um fósforo de cozinha grande, ele produzirá 1 kcal.

> **NESTE CAPÍTULO**
> » Examinando as partículas que compõem um átomo
> » Entendendo os elementos e a massa atômica
> » Começando a entender as configurações do elétron
> » Decifrando isótopos e íons

Capítulo 2
O que Existe em um Átomo?

Neste capítulo, explico os átomos, os blocos de construção fundamentais do Universo. Abordo as três partículas básicas de um átomo (prótons, nêutrons e elétrons) e mostro onde se localizam. Em grande parte, explico os elétrons em si, porque as reações químicas (onde muita química entra em ação) dependem da perda, do ganho ou do compartilhamento de elétrons.

Partículas Subatômicas

O *átomo* é a menor parte da matéria que representa determinado elemento. Por um bom tempo, o átomo foi considerado a menor parte da matéria que poderia existir, mas na última metade do século XIX e no início do século XX, cientistas descobriram que os átomos são compostos de certas partículas subatômicas e que, não importava o elemento, as mesmas partículas subatômicas compunham o átomo. A quantidade das várias partículas é a única coisa que varia.

Agora os cientistas reconhecem que existem muitas partículas subatômicas (isso deixa os físicos empolgados). Mas para ter sucesso na química, é preciso se preocupar apenas com três partículas subatômicas maiores:

» Prótons

» Nêutrons

» Elétrons

A Tabela 2-1 resume as características dessas três partículas subatômicas. As massas são listadas de dois modos: gramas e u.m.a., que significa $un^l dades\ de\ massa\ atôm^l ca$. Expressar a massa em u.m.a. é muito mais fácil do que usar o grama equivalente.

TABELA 2-1   Três Partículas Subatômicas Maiores

Nome	Símbolo	Carga	Massa (g)	Massa (u.m.a.)	Local
Próton	p^+	+1	$1,673 \times 10^{-4}$	1	No núcleo
Nêutron	n_o	0	$1,675 \times 10^{-24}$	1	No núcleo
Elétron	e^-	-1	$9,109 \times 10^{-28}$	0,0005	Fora do núcleo

As unidades de massa atômica são baseadas em algo chamado *escala de carbono-12*, um padrão universal adotado para os pesos atômicos. Segundo um acordo internacional, um átomo de carbono contendo seis prótons e seis nêutrons tem um peso atômico de exatamente 12 u.m.a., portanto, *1 u.m.a.* é definido como ¹⁄₁₂ desse átomo de carbono. Como as massas em gramas de prótons e nêutrons são quase exatamente iguais, prótons e nêutrons são ditos como tendo uma massa de 1 u.m.a. Observe que a massa de um elétron é muito menor que de um próton ou nêutron. São necessários quase 2 mil elétrons para igualar à massa de um próton.

A Tabela 2-1 também mostra a carga elétrica associada a cada partícula subatômica. A matéria pode ser carregada eletricamente de duas maneiras: positiva ou negativa. O próton tem uma unidade de carga positiva, o elétron tem uma unidade de carga negativa e o nêutron não tem carga, é neutro.

LEMBRE-SE

Cientistas descobriram que os objetos com cargas parecidas, positivas ou negativas, se repelem, e objetos com cargas diferentes se atraem.

O átomo em si não tem carga, ele é neutro (bem, na verdade, certos átomos podem ganhar ou perder elétrons e adquirir carga, como explicado na última seção "Íons: Elétrons variáveis". Os átomos que ganham carga, positiva ou negativa, são chamados de *íons*). Portanto, como um átomo pode ser neutro se contém prótons carregados positivos e negativos? A resposta é que existem números iguais de prótons e elétrons, ou seja, números iguais de cargas positivas e negativas, e, assim, elas se cancelam.

A última coluna na Tabela 2-1 mostra o local das três partículas subatômicas. Prótons e nêutrons estão localizados no *núcleo*, o centro denso no meio do átomo, e os elétrons estão localizados fora dele (para obter detalhes, veja a seção "Localizando Elétrons", posteriormente neste capítulo).

Centralizando no Núcleo

Em 1911, Ernest Rutherford descobriu que os átomos têm um núcleo, ou centro, contendo prótons. Mais tarde, cientistas descobriram que o núcleo também hospeda um nêutron.

O núcleo é muito, muito pequeno e muito, muito denso em comparação com o resto do átomo. Normalmente, os átomos têm diâmetros que medem em torno de 10-10 metros (tão pequeno!). Os núcleos têm em torno de 10-15 metros de diâmetro (muitíssimo pequeno!). Se o estádio do Maracanã no Rio de Janeiro representasse um átomo de hidrogênio, o núcleo seria do tamanho de uma ervilha.

Os prótons de um átomo são comprimidos dentro do núcleo. Agora, você pode estar pensando: "Tudo bem, cada próton tem uma carga positiva e cargas parecidas se repelem. Portanto, se todos os prótons se repelem, por que o núcleo simplesmente não se desfaz?" É a Força, Luke. As forças no núcleo neutralizam essa repulsão e mantêm o núcleo unido. Os físicos chamam isso de *cola nuclear*. (**Nota:** Às vezes essa "cola" não é muito forte, e o núcleo se separa. Esse processo é chamado de *radioatividade* e é explicado no Capítulo 4.)

O núcleo não só é muito pequeno como também contém grande parte da massa do átomo. Na verdade, para fins práticos, a massa do átomo é a soma das massas de prótons e nêutrons (ignoro a massa minúscula dos elétrons, a menos que eu esteja fazendo cálculos muitíssimo precisos).

LEMBRE-SE

A soma do número de prótons mais nêutrons em um átomo é chamada de *número de massa*, e o número de prótons em certo átomo recebe um nome especial, *número atômico*. Os químicos usam normalmente os símbolos na Figura 2-1 para representar essas quantidades de certo elemento.

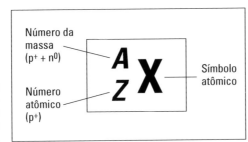

FIGURA 2-1: Representando um elemento específico.

Como mostra a Figura 2-1, os químicos usam o espaço reservado X para representar o símbolo químico. O símbolo químico de um elemento pode ser encontrado na tabela periódica ou em uma lista de elementos. O espaço reservado Z representa o número atômico, ou seja, o número de prótons no núcleo. E A representa o número de massa, a soma de prótons mais nêutrons. O número de massa é listado em u.m.a. (unidade de massa atômica).

Por exemplo, podemos representar o átomo de urânio, que tem 92 prótons e um número de massa 238, como na Figura 2-2.

FIGURA 2-2: Representando o urânio.

DICA

É possível encontrar o número de nêutrons em um átomo subtraindo o número atômico (número de prótons) do número de massa (prótons mais nêutrons). Por exemplo, sabemos que o urânio tem um número atômico 92 e número de massa 238. Portanto, se quisermos saber o número de nêutrons no urânio, só precisamos subtrair o número atômico (92 prótons) do número de massa (238

20   Química Essencial Para Leigos

prótons mais nêutrons). A resposta mostra que o urânio tem 146 nêutrons.

Mas quantos elétrons o urânio tem? Como o átomo é neutro (não tem carga elétrica), deve haver números iguais de cargas positivas e negativas ou números iguais de prótons e elétrons. Então há 92 elétrons em cada átomo de urânio.

Você pode encontrar o símbolo do elemento e seu número atômico na tabela periódica, mas o número de massa de certo elemento não é mostrado nela. O que vemos é a *massa atômica* média ou o *peso atômico* de todas as formas desse elemento em particular, levando em consideração as porcentagens em que cada um é encontrado na natureza. Veja a seção "Isótopos: Nêutrons variáveis" posteriormente para obter detalhes sobre as outras formas de um elemento.

Localizando Elétrons

Muitos dos tópicos importantes em Química, como a ligação química, a forma das moléculas etc., são baseados no local onde ficam os elétrons em um átomo. Simplesmente dizer que os elétrons estão localizados fora do núcleo não é suficiente; os químicos precisam ter uma ideia muito melhor do local, portanto, esta seção irá ajudá-lo a entender onde podemos encontrar esses benditos elétrons.

Modelo da mecânica quântica

Os primeiros modelos do átomo tinham elétrons aleatórios em torno do núcleo. Mas conforme os cientistas descobriram mais sobre o átomo, perceberam que essa representação provavelmente não era precisa. Hoje, os cientistas usam o modelo da mecânica quântica, um modelo altamente matemático, para representar a estrutura.

Ele é baseado na *teoria quântica*, que determina que a matéria também tem propriedades associadas às ondas. Segundo essa teoria, é impossível saber a posição exata de um elétron e o *momento* (velocidade e direção, multiplicados pela massa) ao mesmo tempo. Isso é conhecido como *princípio da incerteza*. Portanto, os cientistas tiveram de desenvolver o conceito de *orbitais* (às vezes chamado de *nuvem de elétrons*), volumes de espaço nos quais um elétron provavelmente está presente. Em outras palavras, a certeza foi substituída pela probabilidade.

O modelo da mecânica quântica do átomo usa formas complexas de orbitais. Sem recorrer a muitos cálculos (não precisa me agradecer), esta seção mostra alguns aspectos desse mais novo modelo do átomo.

Os cientistas introduziram quatro números, chamados de *números quânticos*, para descrever as características dos elétrons e de seus orbitais. Você notará que eles foram nomeados pelos maiores entendidos em tecnologia:

» Número quântico principal n

» Número quântico do momento angular l

» Número quântico magnético m_l

» Número quântico spin m_s

A Tabela 2-2 resume os quatro números quânticos. Quando os quatro estão juntos, os químicos teóricos têm uma boa descrição das características de certo elétron.

TABELA 2-2 **Resumo dos Números Quânticos**

Nome	Símbolo	Descrição	Valores Permitidos
Principal	n	Energia orbital	Inteiros positivos (1, 2, 3 etc.)
Momento angular	l	Forma orbital	Inteiros de 0 a $n-1$
Magnético	m_l	Orientação	Inteiros de $-l$ a $+l$
Spin	m_s	Rotação do elétron	$+½$ ou $-½$

Número quântico principal n

O número quântico principal n descreve a distância média do orbital até o núcleo e a energia do elétron em um átomo. Pode ter apenas valores inteiros positivos (número inteiro): 1, 2, 3, 4 etc. Quanto maior o valor de n, maior a energia e maior o orbital ou o nível de elétrons.

Número quântico do momento angular l

O número quântico do momento angular *l* descreve a forma do orbital, que é limitada pelo número quântico principal *n*. o número quântico do momento angular *l* pode ter valores inteiros positivos de 0 a n-1. Por exemplo, se o valor *n* é 3, três valores são permitidos para *l*. 0, 1 e 2.

LEMBRE-SE

O valor de *l* define a forma do orbital, e o valor de *n* define o tamanho.

Os orbitais com o mesmo valor de *n*, mas valores diferentes de *l* são chamados de *subníve^{l}s*. Eles recebem letras diferentes para ajudar na distinção. A Tabela 2-3 mostra as letras correspondentes aos diferentes valores de *l*.

TABELA 2-3 Designação de Letras dos Subníveis

Valor de l (Subnível)	Letra
0	s
1	p
2	d
3	f
4	g

Quando os químicos descrevem um subnível em particular no átomo, podem usar o valor *n* e a letra do subnível: 2p, 3d etc. Em geral, um valor 4 de subnível é o maior valor necessário para descrever certo subnível. Se os químicos precisarem de um valor maior, poderão criar números e letras do subnível.

A Figura 2-3 mostra as formas dos orbitais s, p e d. Na Figura 2-3a, há dois orbitais s: um para o nível de energia 1 (1s) e outro para o nível de energia 2 (2s). Os orbitais s são esféricos, com o núcleo no centro. Observe que o orbital 2s é maior em diâmetro que o orbital 1s. Nos átomos grandes, o orbital 1s fica aninhado dentro do 2s, assim como o 2p fica aninhado dentro do 3p.

A Figura 2-3b mostra as formas dos orbitais p, e a Figura 2-3c mostra as formas dos orbitais d. Note que as formas ficam progressivamente mais complexas.

CAPÍTULO 2 **O que Existe em um Átomo?** 23

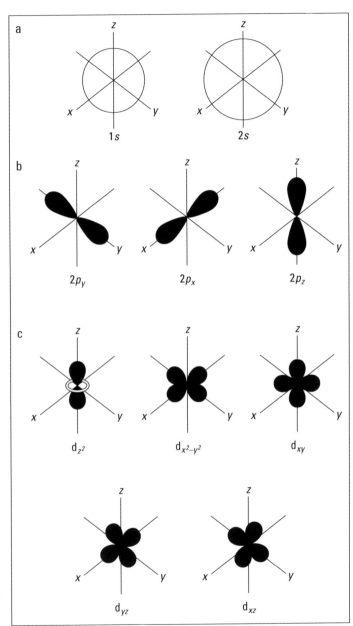

FIGURA 2-3: Formas dos orbitais s, p e d.

Número quântico magnético m_l

O número quântico magnético m_l descreve como os vários orbitais são orientados no espaço. O valor de m_l depende do valor de l. Os valores permitidos são inteiros de $-l$ a 0 a $+l$. Por exemplo, se o valor de $l = 1$ (orbital p; veja a Tabela 2-4), podemos escrever três valores para m_l. -1; 0 e +1. Isso significa que há três subníveis p diferentes para certo orbital. Os subníveis têm a mesma energia, mas orientações diferentes no espaço.

A Figura 2-3b mostra como os orbitais p são orientados no espaço. Observe que três orbitais p correspondem a valores m_l de -1, 0 e +1, orientados nos eixos x, y e z.

Número quântico spin m_s

O quarto e último número quântico é o spin m_s. Ele descreve a direção na qual o elétron está girando em um campo magnético, para a direita ou a esquerda. Apenas dois valores são permitidos para m_s: $+\frac{1}{2}$ ou $-\frac{1}{2}$. Para cada subnível, pode haver apenas dois elétrons, um com uma rotação $+\frac{1}{2}$, e outro com $-\frac{1}{2}$.

Juntando os números quânticos

A Tabela 2-4 resume os números quânticos disponíveis para os dois primeiros níveis de energia.

TABELA 2-4 Números Quânticos para os Dois Primeiros Níveis de Energia

n	l	Notação do Subnível	m_l	m_s
1	0	1s	0	$+\frac{1}{2}, -\frac{1}{2}$
2	0	2s	0	$+\frac{1}{2}, -\frac{1}{2}$
	1	2p	-1	$+\frac{1}{2}, -\frac{1}{2}$
			0	$+\frac{1}{2}, -\frac{1}{2}$
			+1	$+\frac{1}{2}, -\frac{1}{2}$

A Tabela 2-4 mostra que no nível de energia 1 ($n = 1$) existe apenas um orbital s. Não há nenhum orbital p porque um valor l 1 (orbital

p) não é permitido. E observe que pode haver apenas dois elétrons nesse orbital 1s (m_s de $+½$ e $-½$). Na verdade, pode haver apenas dois elétrons em qualquer orbital s, sendo 1s ou 5s.

Sempre que subimos a um nível maior de energia, adicionamos outro tipo de orbital. Portanto, quando vamos do nível de energia 1 para o 2 ($n = 2$), pode haver orbitais s e p. Se escrevemos os números quânticos para o nível de energia 3, vemos os orbitais s, p e d.

Note também que existem três subníveis (m_l) para o orbital 2p (veja a Figura 2-3b), e cada um mantém um máximo de dois elétrons. Os três subníveis 2p podem manter um máximo de seis elétrons.

Existe uma diferença de energia nos níveis maiores (o nível de energia 2 é maior que o nível de energia 1), mas também há uma diferença nas energias dos diferentes orbitais em um nível de energia. No nível de energia 2, estão presentes os orbitais s e p. Mas o 2s é inferior em energia ao 2p. Os três subníveis do orbital 2p têm a mesma energia. Do mesmo modo, os cinco subníveis dos orbitais d (veja a Figura 2-3c) têm a mesma energia.

Diagramas do nível de energia

Os químicos consideram os números quânticos úteis ao analisar as reações químicas e as ligações (e são coisas que muitos deles gostam de estudar). Mas acham duas outras representações dos elétrons (diagramas do nível de energia e configurações do elétron) mais úteis e fáceis de trabalhar.

Eles usam ambas as representações para indicar qual nível de energia, subnível e orbital são ocupados pelos elétrons em qualquer átomo. Essas informações são usadas para prever qual tipo de ligação ocorrerá em certo elemento e para mostrar exatamente quais elétrons estão sendo usados. Essas representações também servem para mostrar por que determinados elementos se comportam de modos parecidos.

Nesta seção, mostro como usar um diagrama do nível de energia e escrever as configurações do elétron. Também explico os elétrons de valência, que são a chave das reações químicas.

O temido diagrama do nível de energia

A Figura 2-4 é um diagrama do nível de energia em branco que você pode usar para representar os elétrons de qualquer átomo. Ele não mostra todos os orbitais e subníveis conhecidos, mas com tal diagrama, é possível fazer praticamente qualquer coisa que precisar.

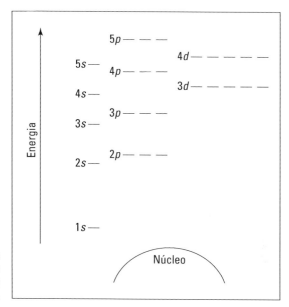

FIGURA 2-4: Diagrama do nível de energia.

Represento os orbitais com traços, nos quais você pode colocar um máximo de dois elétrons. O orbital 1s fica mais próximo do núcleo e tem a menor energia. Também é o único orbital no nível de energia 1 (veja a Tabela 2-4). No nível de energia 2, existem os orbitais s e p, com 2s tendo menos energia que 2p. Os três subníveis 2p são representados por três traços da mesma energia. A figura também mostra os níveis de energia 3, 4 e 5.

DICA

Observe que o orbital 4s tem menos energia que 3d: é uma exceção ao que você pode ter imaginado, mas é o observado na natureza. Vai entender.

CAPÍTULO 2 **O que Existe em um Átomo?** 27

Por falar nisso, a Figura 2-5 mostra o *Princípio de Aufbau*, um método para lembrar a ordem na qual os orbitais preenchem os níveis de energia vagos.

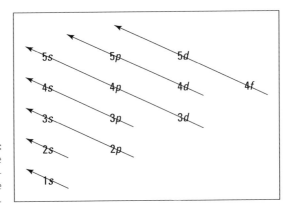

FIGURA 2-5:
Gráfico de preenchimento de Aufbau.

Ao usar o diagrama do nível de energia, lembre-se de duas coisas:

LEMBRE-SE

» Os elétrons preenchem primeiro os níveis de energia vagos mais baixos.

» Quando há mais de um subnível em certo nível de energia, como os níveis 3p ou 4d (veja a Figura 2-4), apenas um elétron preenche cada subnível, até cada um ter um elétron. Então os elétrons começam a formar pares em cada subnível. Isso é chamado de *Regra de Hund*.

Suponha que você queira desenhar o diagrama do nível de energia do oxigênio. Vendo a tabela periódica, descubra que o número atômico do oxigênio é 8. Esse número significa que ele tem oito prótons em seu núcleo e oito elétrons. Portanto, você coloca oito elétrons em seu diagrama. Você pode representá-los como setas, como na Figura 2-6. Note que se dois elétrons acabam no mesmo orbital, uma seta aponta para cima e outra para baixo. Isso é chamado de *emparelhamento de spin*. Corresponde a $+\frac{1}{2}$ e $-\frac{1}{2}$ de m_s (veja a seção "Número quântico spin m_s", anteriormente neste capítulo, para obter detalhes).

O primeiro elétron fica no orbital 1s, preenchendo primeiro o nível de energia mais baixo, e o segundo emparelha em spin com o primeiro. Os elétrons 3 e 4 emparelham em spin no próximo orbital vazio mais baixo, o 2s. O elétron 5 fica em um dos subníveis 2p (não importa qual, todos têm a mesma energia), e os elétrons 6 e 7 ficam nos outros dois orbitais 2p totalmente vagos. O último elétron emparelha em spin com um dos elétrons nos subníveis 2p (de novo, não importa com qual você o emparelha). A Figura 2-6 mostra o diagrama do nível de energia completo para o oxigênio.

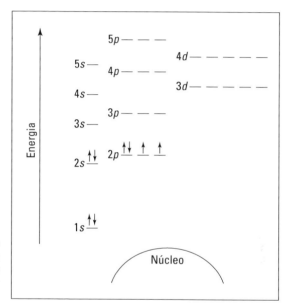

FIGURA 2-6: Diagrama do nível de energia para o oxigênio.

Configurações do elétron

Os diagramas do nível de energia são úteis quando precisamos descobrir as reações químicas e as ligações, mas são muito grandes para se trabalhar. Não seria ótimo se houvesse outra representação que desse a mesma informação, mas de uma forma muito mais concisa? Bem, existe. É chamada de *configuração do elétron*.

Tal configuração para o oxigênio é $1s^2 2s^2 2p^4$. Compare essa notação com o diagrama do nível de energia para o oxigênio na Figura 2-6. A configuração do elétron não ocupa muito menos espaço? Você pode obter essa configuração no diagrama do nível de energia. Os dois primeiros elétrons no oxigênio preenchem o orbital

1s, portanto, você o mostra como 1s² na configuração do elétron; 1 é o nível de energia, s representa o tipo de orbital, e o 2 sobrescrito representa o número de elétrons nesse orbital. Os dois elétrons seguintes estão no orbital 2s, então você escreve 2s². Por fim, você mostra os quatro elétrons no orbital 2p como 2p⁴. Junte tudo e terá 1s²2s²2p⁴.

DICA

A soma dos números sobrescritos é igual ao número atômico ou o número de elétrons no átomo.

Veja algumas configurações do elétron que você pode usar para verificar suas conversões a partir dos diagramas do nível de energia:

Cloro (Cl): 1s²2s²2p⁶ 3s² 3p⁵

Ferro (Fe): 1s² 2s² 2p⁶ 3s² 3p⁶ 4s² 3d⁶

Elétrons de valência: Dicas sobre reações químicas

Conhecer o número de elétrons, que é o nível de energia mais externo de um átomo, dá uma grande dica sobre como esse átomo reagirá.

Quando os químicos estudam as reações químicas, eles observam a transferência ou o compartilhamento de elétrons. Os elétrons mais soltos mantidos pelo núcleo, ou seja, no nível de energia mais distante do núcleo, são os que são ganhos, perdidos ou compartilhados.

LEMBRE-SE

Os elétrons são carregados negativamente e o núcleo tem uma carga positiva devido aos prótons. Os prótons atraem e mantêm os elétrons, porém quanto mais distantes os elétrons estão, menor é a força de atração.

Os elétrons no nível de energia mais externo são chamados comumente de *elétrons de valência*. Os químicos só consideram mesmo os elétrons nos orbitais s e p no nível de energia sendo atualmente preenchido como elétrons de valência. Na configuração do elétron para o oxigênio, 1s²2s²2p⁴, o nível de energia 1 é preenchido; há dois elétrons no orbital 2s e quatro elétrons no orbital 2p para um total de seis elétrons de valência. Esses são os perdidos, ganhos ou compartilhados.

Isótopos e Íons

O número de prótons em um átomo determina qual elemento você tem. Mas às vezes o número de nêutrons ou elétrons varia, então vemos diversas versões diferentes dos átomos desse elemento. Nesta seção, apresento as duas variações: isótopos e íons.

Isótopos: Nêutrons variáveis

LEMBRE-SE

Os átomos de certo elemento podem ter um número idêntico de prótons e elétrons, mas números variáveis de nêutrons. Se têm números diferentes de nêutrons, então são chamados de *isótopos*.

O hidrogênio é um elemento comum no planeta Terra, e o número atômico dele é 1; seu núcleo contém 1 próton. O átomo de hidrogênio também tem 1 elétron. Como tem o mesmo número de prótons e elétrons, esse átomo é neutro (as cargas positivas e negativas se cancelaram).

Grande parte dos átomos de hidrogênio na Terra não contém nêutrons. Podemos usar a representação na Figura 2-1 para descrever os átomos de hidrogênio que não contêm nêutrons, como mostrado na Figura 2-7a.

Contudo, aproximadamente um átomo de hidrogênio em 6 mil contém um nêutron em seu núcleo. Esses átomos ainda são hidrogênio, pois têm um próton cada; mas têm um nêutron também, que a grande maioria não possui. Assim, esses átomos são chamados de isótopos. A Figura 2-7b mostra um isótopo do hidrogênio, comumente chamado de *deutério*. Ainda é hidrogênio, pois contém apenas um próton, mas é diferente do hidrogênio na Figura 2-7a, porque tem também um nêutron. Como contém um próton e um nêutron, seu número de massa é 2 u.m.a.

Existe ainda um isótopo do hidrogênio contendo dois nêutrons. Chama-se *trítio* e é representado na Figura 2-7c. O trítio é extremamente raro, mas pode ser criado com facilidade.

A Figura 2-7 mostra também um modo alternativo de representar os isótopos: escreva o símbolo do elemento, um traço e o número de massa.

FIGURA 2-7:
Isótopos do hidrogênio.

$^{1}_{1}H$ $^{2}_{1}H$ $^{3}_{1}H$

(a) Hidrogênio   (b) Deutério   (c) Trítio
H – 1   H – 2   H – 3

LEMBRE-SE

Agora você pode estar pensando: "Se não estou fazendo um cálculo que envolve a massa atômica, qual isótopo uso?" Bem, você usa uma média de todos os isótopos desse elemento que ocorrem naturalmente, mas não uma média simples. Usa uma *média ponderada*, que leva em consideração as abundâncias dos isótopos que ocorrem na natureza. Esse número encontra-se na tabela periódica.

Para o hidrogênio, é preciso levar em consideração que existe muito mais H-1 do que H-2 e apenas uma quantidade minúscula de H-3. É por isso que a massa atômica do hidrogênio na tabela periódica não é um número inteiro: 1,0079 u.m.a. Esse número mostra que há muito mais H-1 do que H-2 e H-3.

Íons: Elétrons variáveis

Como um átomo em si é neutro, digo que o número de prótons e elétrons nos átomos é igual neste livro inteiro. Mas em alguns casos, um átomo pode adquirir carga elétrica. Por exemplo, no cloreto de sódio (sal de cozinha), o átomo de sódio tem uma carga positiva, e o átomo de cloro tem uma carga negativa. Os átomos (ou grupos de átomos) nos quais existem números diferentes de prótons e elétrons são chamados de *íons*.

O átomo de sódio neutro tem 11 prótons e 11 elétrons, significando que tem 11 cargas positivas e 11 negativas. Em geral, o átomo de sódio é neutro e é representado assim: Na. Mas o *íon* de sódio contém mais carga positiva do que negativa, sendo representado assim: Na^+ ($^+$ representa sua carga elétrica positiva líquida).

Ganhando e perdendo elétrons

Os átomos se tornam íons ganhando ou perdendo elétrons. Os íons com uma carga positiva são chamados de *cátions*. A progressão ocorre assim: o íon Na^+ é formado a partir da perda de um elétron, portanto, tem mais prótons do que elétrons, ou mais cargas positivas do que negativas, o que significa que agora é chamado de cátion Na⁺. Do mesmo modo, o cátion **Mg²⁺** é formado quando o átomo de magnésio neutro perde dois elétrons.

Agora considere o átomo de cloro no cloreto de sódio. O átomo de cloro neutro adquiriu uma carga negativa ganhando um elétron. Como ele tem números diferentes de prótons e elétrons, agora é um íon, representado assim: Cl⁻. Como os íons com uma carga negativa são chamados de *ânions*, ele agora é chamado de ânion Cl (você poderá obter informações completas sobre íons, cátions e ânions no Capítulo 5, se estiver interessado; isto é apenas uma amostra).

Escrevendo as configurações do elétron

Veja alguns detalhes extras sobre íons, para facilitar a leitura sobre química:

» Você pode escrever as configurações do elétron e os diagramas do nível de energia para os íons. O átomo de sódio neutro (11 prótons) tem esta configuração de elétron: $1s^2 2s^2 2p^6 3s^1$. O cátion de sódio perdeu um elétron, ou seja, o elétron de valência, que está *mais* distante do núcleo (o elétron 3s, nesse caso). A configuração do elétron do Na+ é $1s^2 2s^2 2p^6$.

» A configuração do elétron do íon do cloreto (Cl) é $1s^2 2s^2 2p^6 3s^2 3p^6$. É a mesma configuração do elétron, como no átomo de argônio neutro. Se duas espécies químicas têm a mesma configuração de elétron, são ditas como sendo *isoeletrônicas*. Entender química requer aprender um vocabulário totalmente novo, não é?

» Esta seção explicou os íons *monoatômicos* (um átomo). Mas existem os *poliatômicos* (muitos átomos). O íon do amônio, NH_4^+, é poliatômico ou, especificamente, um *cátion poliatômico*. O íon nitrato, NO_3^-, também é poliatômico ou, especificamente, um *ânion poliatômico*.

Prevendo os tipos de ligações

Os íons são comumente encontrados em uma classe de compostos chamada de *sais* ou *sólidos iônicos*. Os sais, quando dissolvidos em água, produzem soluções que conduzem eletricidade. Uma substância que conduz eletricidade quando dissolvida em água é chamada de *eletrólito*. O sal de cozinha (cloreto de sódio) é um bom exemplo.

Por outro lado, quando o açúcar de mesa (sacarose) é dissolvido em água, ele se torna uma solução que não conduz eletricidade, portanto, a sacarose é um *não eletrólito*.

LEMBRE-SE

Saber se uma substância é um eletrólito ou um não eletrólito dá dicas sobre o tipo de ligação no composto. Se a substância é um eletrólito, provavelmente o composto é *ligado iônicamente* (veja o Capítulo 5). Se é um não eletrólito, provavelmente é *ligado covalentemente* (veja o Capítulo 6).

> **NESTE CAPÍTULO**
> » Compreendendo a periodicidade
> » Entendendo como os elementos são organizados na tabela periódica

Capítulo 3
Tabela Periódica

Os químicos gostam de reunir as coisas em grupos com base em propriedades semelhantes. Este processo, chamado de classificação, facilita muito o estudo de determinado sistema. Os cientistas agruparam os elementos na tabela periódica para não terem de memorizar as propriedades dos elementos individuais. Com essa tabela, eles podem simplesmente se lembrar das propriedades de vários grupos.

A tabela periódica é a ferramenta mais importante que um químico possui. Portanto, neste capítulo, mostro como os elementos estão organizados nela, assim como alguns grupos importantes. Também explico como os químicos e outros cientistas a utilizam.

Padrões Repetidos: Tabela Periódica Moderna

Na natureza e nas coisas que a humanidade inventa, podemos notar alguns padrões repetidos. As estações repetem seu padrão de outono, inverno, primavera e verão. As marés repetem seu padrão de cheia e vazante. A terça-feira vem depois da segunda-feira, dezembro é depois de novembro etc. Um padrão de ordem repetida é chamado de *periodicidade*.

Na metade do século XIX, Dmitri Mendeleev, um químico russo, notou um padrão repetido das propriedades químicas nos elementos conhecidos na época. Mendeleev os organizou pela ordem de massa atômica crescente (veja o Capítulo 2 para ter uma descrição de massa atômica) para formar algo que lembra bem a tabela periódica moderna. Ele ainda conseguiu prever as propriedades de alguns elementos então desconhecidos. Mais tarde, esses elementos foram reorganizados por ordem de *número atômico* crescente, o número de prótons no núcleo do átomo. A Figura 3-1 mostra a tabela periódica moderna.

Organizando os Elementos na Tabela Periódica

Veja a tabela periódica na Figura 3-1. Os elementos são organizados na ordem do número atômico crescente. O *número atômico* (número de prótons) está localizado à direita, acima do símbolo do elemento. Sob o símbolo está a massa atômica ou o peso atômico. *Massa atômica* é uma média ponderada de todos os isótopos que ocorrem na natureza (veja o Capítulo 2 para obter detalhes).

Observe que duas linhas de elementos — Ce-Lu (comumente chamados de *lantanídeos*) e Th-Lr (*actinídeos*) — foram retiradas do corpo principal da tabela. Se fossem incluídas, a tabela seria muito maior.

Usando a tabela periódica, é possível classificar os elementos de muitos modos. Os dois mais úteis são:

» Metais, não metais e metaloides

» Famílias e períodos

TABELA PERIÓDICA DOS ELEMENTOS

	1 IA	2 IIA	3 IIIB	4 IVB	5 VB	6 VIB	7 VIIB	8 VIIIB	9 VIIIB
1	1 H Hidrogênio 1,00797								
2	3 Li Lítio 6,939	4 Be Berílio 9,0122							
3	11 Na Sódio 22,9898	12 Mg Magnésio 24,312							
4	19 K Potássio 39,102	20 Ca Cálcio 40,08	21 Sc Escândio 44,956	22 Ti Titânio 47,90	23 V Vanádio 50,942	24 Cr Cromo 51,996	25 Mn Manganês 54,9380	26 Fe Ferro 55,847	27 Co Cobalto 58,9332
5	37 Rb Rubídio 85,47	38 Sr Estrôncio 87,62	39 Y Ítrio 88,905	40 Zr Zircônio 91,22	41 Nb Nióbio 92,906	42 Mo Molibdênio 95,94	43 Tc Tecnécio (99)	44 Ru Rutênio 101,07	45 Rh Ródio 102,905
6	55 Cs Césio 132,905	56 Ba Bário 137,34	57 La Lantânio 138,91	72 Hf Háfnio 179,49	73 Ta Tântalo 180,948	74 W Tungstênio 183,85	75 Re Rênio 186,2	76 Os Ósmio 190,2	77 Ir Irídio 192,2
7	87 Fr Frâncio (223)	88 Ra Rádio (226)	89 Ac Actínio (227)	104 Rf Ruterfórdio (261)	105 Db Dúbnio (262)	106 Sg Seabórgio (266)	107 Bh Bóhrio (264)	108 Hs Hássio (269)	109 Mt Meitnério (268)

Série de Lantanídeos	58 Ce Cério 140,12	59 Pr Praseodímio 140,907	60 Nd Neodímio 144,24	61 Pm Promécio (145)	62 Sm Samário 150,35	63 Eu Európio 151,96
Série de Acnídeos	90 Th Tório 232,038	91 Pa Protactínio (231)	92 U Urânio 238,03	93 Np Neptúnio (237)	94 Pu Plutônio (242)	95 Am Americio (243)

CAPÍTULO 3 Tabela Periódica

			13 IIIA	14 IVA	15 VA	16 VIA	17 VIIA	18 VIIIA
								2 He Hélio 4,0026
			5 B Boro 10,811	6 C Carbono 12,01115	7 N Nitrogênio 14,0067	8 O Oxigênio 15,9994	9 F Flúor 18,9984	10 Ne Neônio 20,183
10 VIIIB	11 IB	12 IIB	13 Al Alumínio 26,9815	14 Si Silício 28,086	15 P Fósforo 30,9738	16 S Enxofre 32,064	17 Cl Cloro 35,453	18 Ar Argônio 39,948
28 Ni Níquel 58,71	29 Cu Cobre 63,546	30 Zn Zinco 65,37	31 Ga Gálio 69,72	32 Ge Germânio 72,59	33 As Arsênico 74,9216	34 Se Selênio 78,96	35 Br Bromo 79,904	36 Kr Criptônio 83,80
46 Pd Paládio 106,4	47 Ag Prata 107,868	48 Cd Cádmio 112,40	49 In Índio 114,82	50 Sn Estanho 118,69	51 Sb Antimônio 121,75	52 Te Telúrio 127,60	53 I Iodo 126,9044	54 Xe Xenônio 131,30
78 Pt Platina 195,09	79 Au Ouro 196,967	80 Hg Mercúrio 200,59	81 Tl Tálio 204,37	82 Pb Chumbo 207,19	83 Bi Bismuto 208,980	84 Po Polônio (210)	85 At Astato (210)	86 Rn Radônio (222)
110 Uun Damstádio (269)	111 Uuu Roentgênio (272)	112 Uub Copernício (277)	113 Uut §	114 Uuq Ununquádio (285)	115 Uup §	116 Uuh Ununhéxio (289)	117 Uus §	118 Uuo Ununócito (293)

64 Gd Gadolínio 157,25	65 Tb Térbio 158,924	66 Dy Disprósio 162,50	67 Ho Hólmio 164,930	68 Er Érbio 167,26	69 Tm Túlio 168,934	70 Yb Itérbio 173,04	71 Lu Lutécio 174,97
96 Cm Cúrio (247)	97 Bk Berquélio (247)	98 Cf Califórnio (251)	99 Es Einstênio (254)	100 Fm Férmio (257)	101 Md Mendelévio (258)	102 No Nobélio (259)	103 Lr Laurêncio (260)

FIGURA 3-1:
Tabela periódica.

§ Nota: Os elementos 113, 115 e 117 não são conhecidos no momento, mas estão incluídos na tabela para mostrar suas posições esperadas.

Agrupando metais, não metais e metaloides

Os elementos podem ser metais, não metais ou metaloides. Nesta seção, explico suas propriedades.

Metais

Se você observar atentamente a Figura 3-1, poderá ver uma linha em degraus iniciando no boro (B), número atômico 5, e descendo até o polônio (Po), número atômico 84. Exceto o germânio (Ge) e o antimônio (Sb), todos os elementos à esquerda dessa linha podem ser classificados como *metal*. A Figura 3-2 mostra os metais.

Esses metais têm propriedades normalmente associadas aos metais encontrados no cotidiano. São sólidos em temperatura ambiente (com exceção do mercúrio, Hg, que é líquido), são brilhantes e condutores de eletricidade e calor, são *dúctel* (podem ser transformados em fios finos) e *maleável* (podem ser facilmente colocados em folhas muito finas). Todos esses metais tendem a perder elétrons com facilidade (veja o Capítulo 5 para ter mais informações). Como se pode ver, a grande maioria dos elementos na tabela periódica é classificada como metal.

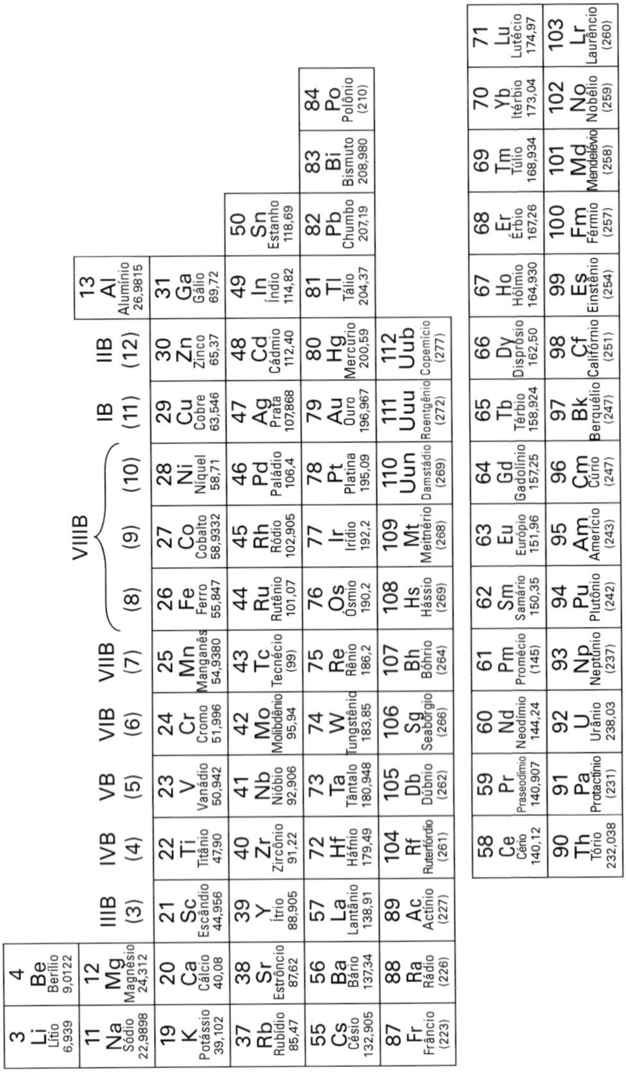

FIGURA 3-2: Metais.

40   Química Essencial Para Leigos

Metaloides

Os elementos na borda da linha em degraus na tabela periódica são classificados como *metaloides* e estão na Figura 3-4.

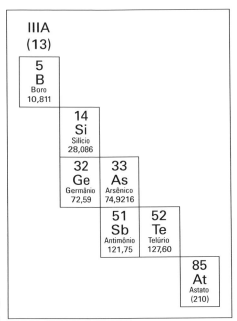

FIGURA 3-4: Metaloides.

Os metaloides, ou *semimetais*, têm propriedades que são um cruzamento entre metais e não metais. Eles tendem a ser economicamente importantes por causa de suas propriedades únicas de condutividade (conduzem eletricidade apenas parcialmente), o que os torna valiosos na indústria de semicondutores e chips de computador (o termo *Vale do Silício* não se refere a um vale coberto de areia; o silício, um dos metaloides, é usado na fabricação de chips de computador).

Não metais

Exceto pelos elementos na borda da linha em degraus (mai:
isso daqui a pouco), os elementos à direita dela, junto do l
gênio, são classificados como *não metal*. Eles estão na Figur

IA (1)	IVA (14)	VA (15)	VIA (16)	VIIA (17)	VIIIA (18)
					2 He Hélio 4,0026
1 H Hidrogênio 1,00797	6 C Carbono 12,01115	7 N Nitrogênio 14,0067	8 O Oxigênio 15,9994	9 F Flúor 18,9984	10 Ne Neônio 20,183
		15 P Fósforo 30,9738	16 S Enxofre 32,064	17 Cl Cloro 35,453	18 Ar Argônio 39,948
			34 Se Selênio 78,96	35 Br Bromo 79,904	36 Kr Criptônio 83,80
				53 I Iodo 126,9044	54 Xe Xenônio 131,30
					86 Rn Radônio (222)

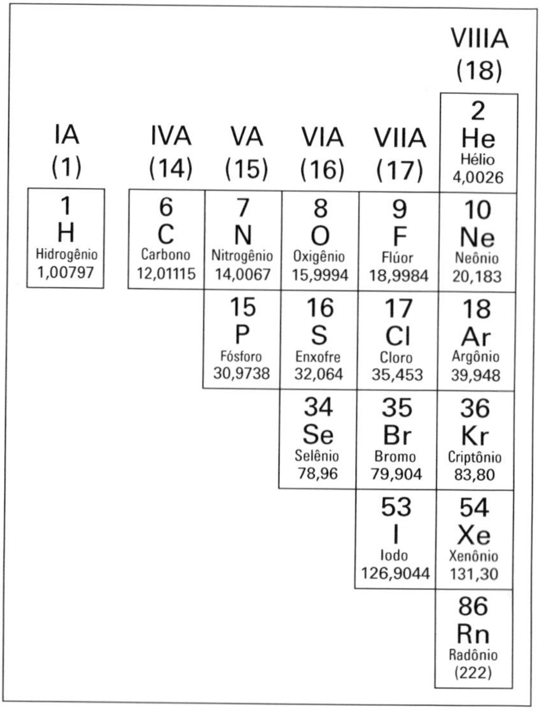

FIGURA 3-3:
Não metais.

Os não metais têm propriedades opostas às dos metais. Eles :
quebradiços, não são maleáveis nem flexíveis e são maus conc
tores de calor e eletricidade. Tendem a ganhar elétrons nas r
ções químicas e alguns não metais são líquidos em temperat
ambiente.

Organizando os elementos por famílias e períodos

LEMBRE-SE

A tabela periódica é composta de linhas horizontais e colunas verticais. Veja como elas são nomeadas e numeradas:

» **Períodos:** As sete linhas horizontais são chamadas de *períodos*, que são numerados de 1 a 7 no lado esquerdo da tabela (veja a Figura 3-1). Em cada período, os números atômicos aumentam da esquerda para a direita.

Os membros de um período não têm propriedades muito parecidas. Considere os dois primeiros membros do período 3: sódio (Na) e magnésio (Mg). Nas reações, eles tendem a perder elétrons (afinal, são metais), mas o sódio perde um elétron e o magnésio perde dois. O cloro (Cl), abaixo e perto do final do período, tende a ganhar um elétron (é um não metal).

» **Famílias:** As colunas verticais são chamadas de *grupos* ou *famílias*. Essas famílias podem ser identificadas no topo das colunas de duas maneiras. O método mais antigo usa algarismos romanos e letras. Muitos químicos (sobretudo acadêmicos, como eu) preferem e ainda usam esse método, portanto, é o que uso ao descrever os componentes da tabela. O método mais novo simplesmente usa números de 1 a 18.

Os membros de uma família têm propriedades semelhantes. Considere a família IA, iniciando com o lítio (Li) e indo até o frâncio (Fr) (não se preocupe com o hidrogênio, porque ele é único e realmente não se enquadra em nenhum lugar). Todos esses elementos tendem a perder apenas um elétron nas reações e todos os membros da família VIIA tendem a ganhar um elétron.

CAPÍTULO 3 **Tabela Periódica** 43

> **NESTE CAPÍTULO**
>
> » Entendendo a radioatividade e o decaimento radioativo
> » Entendendo as meias-vidas
> » Conhecendo os fundamentos da fissão nuclear
> » Dando uma olhada na fusão nuclear
> » Rastreando os efeitos da radiação

Capítulo 4
Química Nuclear

De um modo ou de outro, grande parte deste livro lida com reações químicas. E quando falo sobre reações, quero dizer como os elétrons de valência (os elétrons nos níveis de energia mais externos dos átomos) são perdidos, ganhos ou compartilhados. Menciono muito pouco o núcleo do átomo porque, em grande parte, ele não está envolvido nas reações químicas.

Mas neste capítulo, analiso o núcleo e as mudanças pelas quais ele pode passar. Explico a radioatividade e os diferentes modos como um átomo pode decair. Falo das meias-vidas e mostro como são usadas na arqueologia. Também analiso a fissão nuclear e a esperança que a fusão nuclear reserva para a humanidade. Por fim, temos uma rápida passagem sobre como a radiação afeta as células no corpo. Não se esqueça da proteção de chumbo!

Vendo como o Átomo É Formado

Para entender a química nuclear, é preciso conhecer o básico da estrutura atômica. O Capítulo 2 é mais abrangente sobre a estrutura atômica, se você estiver interessado. Esta seção só apresenta uma explicação rápida.

O *núcleo*, o centro denso do átomo, contém prótons e nêutrons. Os elétrons ficam fora dele nos níveis de energia. Os prótons têm uma carga positiva, os nêutrons não têm carga, e os elétrons têm uma carga negativa. Um átomo neutro contém números iguais de prótons e elétrons, mas o número de nêutrons em um átomo de certo elemento pode variar. Os átomos do mesmo elemento com números diferentes de nêutrons são chamados de *isótopos*. A Figura 4-1 mostra a representação que os químicos usam para detalhar um isótopo específico de um elemento.

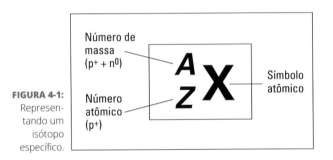

FIGURA 4-1: Representando um isótopo específico.

Na figura, X representa o símbolo do elemento encontrado na tabela periódica, Z representa o *número atômico* (o número de prótons no núcleo) e A representa o *número de massa* (a soma dos prótons e dos nêutrons nesse isótopo em particular). Se subtrairmos o número atômico do número de massa (A − Z), teremos o número de nêutrons nesse isótopo. Um modo rápido de mostrar a mesma informação é simplesmente usar o símbolo do elemento (X) e o número de massa (A), por exemplo, U-235.

Lidando com uma Quebra Nuclear: Balanceando as Reações

Para este livro, defino *radioatividade* como o decaimento espontâneo de um núcleo instável. Um núcleo instável pode se separar em duas ou mais partículas com a liberação de energia, e essa separação pode ocorrer de vários modos, dependendo do átomo específico que decai.

Se você sabe qual será a partícula de um decaimento radioativo, em geral pode prever a outra partícula. Fazer isso envolve algo chamado *balanceamento da reação nuclear* (*reação nuclear* é qualquer reação que envolve uma mudança na estrutura nuclear).

Balancear uma reação nuclear é um processo muitíssimo simples. Mas antes da explicação, veja como representar uma reação:

Reagentes → produtos

Reagentes são as substâncias iniciais, e produtos são as novas substâncias sendo formadas. A seta, chamada de *seta da reação*, indica que ocorreu uma reação.

LEMBRE-SE

Para uma reação nuclear ser balanceada, a soma de todos os números atômicos à esquerda da seta deve ser igual à soma de todos os números atômicos à direita. O mesmo acontece para as somas dos números de massa.

Um exemplo: suponha que você seja um cientista realizando uma reação nuclear bombardeando certo isótopo de cloro (Cl-35) com um nêutron. Você observa que um isótopo de hidrogênio, H-1, é criado junto de outro isótopo e deseja descobrir qual é. A equação para o exemplo é:

$$^{35}_{17}Cl + ^{1}_{0}n \rightarrow \underline{?} + ^{1}_{1}H$$

Para descobrir o isótopo desconhecido (representado por ?), é preciso balancear a equação. A soma dos números atômicos à esquerda é 17 (17 + 0), portanto, você deseja que a soma dos números atômicos à direita também seja igual a 17. Nesse exato momento, você tem um número atômico 1 à direita; 17 − 1 é 16, então esse é o número atômico do isótopo desconhecido e identifica o elemento como enxofre (S).

Agora veja os números de massa na equação. A soma dos números à esquerda é 36 (35+1), e você quer que a soma dos números de massa à direita também seja igual a 36. No momento, tem um número de massa 1 à direita; 36 − 1 é 35, então esse é o número de massa do isótopo desconhecido. Agora você sabe que o isótopo desconhecido é o isótopo do enxofre (S-35). E a equação nuclear balanceada fica assim:

$$^{35}_{17}Cl + ^{1}_{0}n \rightarrow ^{35}_{16}S + ^{1}_{1}H$$

Ela representa uma *transmutação nuclear*, a conversão de um elemento em outro. A transmutação é um processo que os seres humanos controlam. O S-35 é um isótopo de enxofre que não existe na natureza, é um isótopo criado pelo homem. Os alquimistas, os antigos antecessores dos químicos, sonhavam em converter um elemento em outro (em geral, chumbo em ouro), mas nunca conseguiram dominar o processo. Hoje os químicos conseguem, às vezes, converter um elemento em outro.

Entendendo os Tipos de Decaimento Radioativo Natural

Certos isótopos são instáveis: seus núcleos se separam, passando pelo decaimento nuclear. Às vezes o produto desse decaimento nuclear é instável em si e passa pelo decaimento nuclear também. Por exemplo, quando o urânio-238 (U-238) decai inicialmente, ele produz o tório-234 (Th-234), que decai, produzindo o protactínio-234 (Pa-234). O decaimento continua até, finalmente, após um total de 14 etapas, o chumbo-206 (Pb-206) ser produzido. O Pb-206 é estável, e a sequência de decaimento, ou *série*, para.

Antes de mostrar como os isótopos radioativos decaem, primeiro considere o motivo do decaimento. O núcleo tem todos esses prótons carregados positivamente amontoados em um volume de espaço muitíssimo pequeno. Todos eles se repelem. As forças que normalmente mantêm o núcleo unido, a cola nuclear, algumas vezes não consegue fazer seu trabalho, e o núcleo se desintegra, passando pelo decaimento nuclear.

LEMBRE-SE

A proporção entre nêutrons e prótons para certo elemento deve ficar dentro de determinada faixa para o elemento ser estável. Todos os elementos com 84 ou mais prótons são instáveis; mais cedo ou mais tarde, eles passam pelo decaimento. Outros isótopos com menos prótons no núcleo também são radioativos. A radioatividade corresponde à proporção entre nêutrons e prótons no átomo. Se essa proporção é muito alta (há muitos nêutrons ou poucos prótons), o isótopo é dito como sendo *rico em nêutrons* e é, portanto, instável. Do mesmo modo, se a proporção é muito baixa (há poucos nêutrons ou muitos prótons), o isótopo é instável. É por isso que alguns isótopos de um elemento são estáveis e outros são radioativos.

48 Química Essencial Para Leigos

Os isótopos radioativos que ocorrem naturalmente decaem de três modos básicos:

» Emissão de partículas alfa
» Emissão de partículas beta
» Emissão de radiação gama

E mais, existem alguns tipos menos comuns de decaimento radioativo:

» Emissão de pósitrons
» Captura de elétrons

Emissão alfa

Uma *partícula alfa* é definida como carregada positivamente de um núcleo de hélio. Essa partícula é composta de dois prótons e dois nêutrons, portanto, pode ser representada como um átomo de hélio-4. Quando uma partícula alfa se separa do núcleo de um átomo radioativo, ela não tem elétrons, e tem uma carga +2. Portanto, é uma partícula carregada positivamente de um núcleo de hélio (bem, é, na verdade, um *cát on*, um íon com carga positiva; veja o Capítulo 2).

Mas os elétrons são basicamente livres, ou seja, são fáceis de perder e ganhar. Normalmente, uma partícula alfa é mostrada sem carga porque ela obtém rápido dois elétrons e se torna um átomo de hélio neutro, em vez de um íon.

Elementos grandes e pesados, como urânio e tório, tendem a sofrer uma emissão alfa. Esse modo de decaimento libera o núcleo das duas unidades de carga positiva (dois prótons) e das quatro unidades de massa (dois prótons + dois nêutrons). Que processo! Sempre que uma partícula alfa é emitida, quatro unidades de massa são perdidas.

O radônio-222 (Rn-222) é outro emissor de partículas alfa, como mostra a equação a seguir:

$$^{222}_{86}Rn \rightarrow {}^{218}_{84}Po + {}^{4}_{2}He$$

Aqui, o radônio-222 sofre um decaimento nuclear com a liberação de uma partícula alfa. O outro isótopo restante deve ter um número de massa 218 (222 – 4) e um número atômico 84(86 – 2), que identifica o elemento como polônio (Po).

Emissão beta

Uma *partícula beta* é basicamente um elétron emitido do núcleo. O iodo-131 (I-131), usado na detecção e no tratamento de câncer na tiroide, é um emissor de partícula beta:

$$^{131}_{53}I \rightarrow {}^{131}_{54}Xe + {}^{0}_{-1}e$$

Aqui, o iodo-131 emite uma partícula beta (um elétron), deixando um isótopo com número de massa 131 (131 – 0) e um número atômico 54(53 – (–1)). Um número atômico 54 identifica o elemento como xenônio (Xe). Observe que o número de massa não muda indo de I-131 para Xe-131, mas o número atômico aumenta em um.

Na *emissão beta*, um nêutron no núcleo é convertido (decaído) em um próton e um elétron, e o elétron é emitido do núcleo como uma partícula beta. Os isótopos com uma alta proporção entre nêutrons e prótons geralmente sofrem uma emissão beta, pois esse modo de decaimento permite que o número de nêutrons seja diminuído em um e o número de prótons seja aumentado em um, reduzindo, assim, a proporção.

Emissão gama

As partículas alfa e beta têm características da matéria: elas têm massas definidas, ocupam espaço etc. Porém, como não há nenhuma mudança de massa associada à emissão gama, eu me refiro a ela como *emissão de radiação gama*.

A radiação gama é parecida com os raios X, ou seja, tem alta energia e ondas curtas. Em geral ela acompanha as emissões alfa e beta, mas normalmente não é mostrada em uma reação nuclear balanceada. Alguns isótopos, como o cobalto-60 (Co-60), emitem grandes quantidades de radiação gama. O Co-60 é usado no tratamento do câncer por meio de radiação. A equipe médica foca os raios gama no tumor, destruindo-o.

Emissão de pósitron

Embora a emissão de pósitron não aconteça com isótopos radioativos que ocorrem na natureza, ela acontece naturalmente em alguns criados pelo homem. Um *pósitron* é basicamente um elétron que tem uma carga positiva, em vez de negativa.

Um pósitron é formado quando um próton no núcleo decai em um nêutron e um elétron carregado positivamente, e então ele é emitido do núcleo. Esse processo ocorre em alguns isótopos, como o potássio-40 (K-40), como mostra a seguinte equação:

$$^{40}_{19}K \rightarrow {}^{40}_{18}Ar + {}^{0}_{+1}e$$

O K-40 emite o pósitron, deixando um elemento com um número de massa 40(40 − 0) e um número atômico 18 (19 − 1). Um isótopo do argônio (Ar), Ar-40, foi formado.

Captura de elétrons

A *captura de elétrons* é um tipo raro de decaimento nuclear no qual o núcleo captura um elétron do nível de energia mais interno (1s; veja o Capítulo 3). Esse elétron se combina com um próton para formar um nêutron. O número atômico diminui em um, mas o número de massa fica igual. A próxima equação mostra a captura de elétron do polônio-204 (Po-204):

$$^{204}_{84}Po + {}^{0}_{-1}e \rightarrow {}^{204}_{83}Bi + raios\ x$$

O elétron se combina com um próton no núcleo do polônio, criando um isótopo do bismuto (Bi-204).

A captura do elétron 1s deixa um vazio nos orbitais 1s. Os elétrons descem para preencher o espaço, liberando energia não na parte visível do espectro eletromagnético, mas na parte do raio X.

Meias-vidas e Datação Radioativa

Se você pudesse observar um único átomo de um isótopo radioativo, U-238, por exemplo, não conseguiria prever quando esse átomo decairia. Isso poderia levar um milissegundo ou um século. Simplesmente não temos como saber.

Mas se tiver uma amostra grande o suficiente, o que os matemáticos chamam de *tamanho da amostra estatisticamente significante*, começará a surgir um padrão. É preciso certo tempo para metade dos átomos em uma amostra decair, então é necessária a mesma quantidade de tempo para a metade dos átomos radioativos restantes decair, e assim por diante. A quantidade de tempo que leva para uma metade da amostra decair é chamada de *meia-vida* do isótopo e tem o símbolo $t_{1/2}$. A Tabela 4-1 mostra o processo.

TABELA 4-1 **Decaimento de Meia-vida de um Isótopo Radioativo**

Número de Meias-vidas	Porcentagem do Isótopo Radioativo Restante
0	100,00
1	50,00
2	25,00
3	12,50
4	6,25
5	3,13
6	1,56
7	0,78
8	0,39
9	0,20
10	0,10

Calculando a radioatividade restante

O decaimento de meia-vida dos isótopos radioativos não é linear. Por exemplo, não é possível encontrar a quantidade restante de um isótopo em 7,5 meias-vidas achando o ponto médio entre 7 e 8 meias-vidas.

Se quisermos encontrar os tempos ou as quantidades não associadas a um múltiplo simples de uma meia-vida, poderemos usar esta equação:

$$\ln\left(\frac{(N_0)}{N}\right) = \left(\frac{0,6963}{t_{1/2}}\right)t$$

Na equação, *ln* significa *logarítmo natural* (o log de base *e*, não de base 10; é o botão *ln* na calculadora, não o botão *log*). N_0 é a quantidade de isótopo radioativo inicial (em gramas, como uma porcentagem, no número de átomos etc.), *N* é a quantidade de radioisótopo deixado em algum momento *(t)*, e $t_{1/2}$ é a meia-vida do radioisótopo. Se soubermos a meia-vida e a quantidade de isótopo radioativo inicial, poderemos usar essa equação para calcular a quantidade radioativa restante em qualquer momento.

Datação radioativa

Uma aplicação útil das meias-vidas é a *datação radioativa*. O carbono-14 (C-14), um isótopo radioativo do carbono, é produzido na atmosfera superior pela radiação cósmica. O composto primário que contém carbono na atmosfera é o dióxido de carbono e uma quantidade muito pequena dele contém C-14. As plantas absorvem o C-14 durante a fotossíntese, portanto, o C-14 está incorporado na estrutura celular delas. Como as plantas são comidas por animais, o C-14 se torna parte da estrutura celular de todos os seres vivos.

Contanto que um organismo esteja vivo, a quantidade de C-14 em sua estrutura celular permanece constante. Mas quando ele morre, essa quantidade começa a diminuir. Os cientistas conhecem a meia-vida do C-14 (5.730 anos), portanto, podem descobrir há quanto tempo o organismo morreu.

A datação radioativa usando o C-14 foi utilizada para determinar a idade de esqueletos encontrados em sítios arqueológicos, e também foi usada para datar o *Santo Sudário*, um pedaço de linho na forma de uma mortalha que contém a imagem de um homem. Muitos pensavam que era o sudário de Jesus, mas em 1988, a datação com radiocarbono determinou que o tecido datava em torno de 1200−1300 d.C.

A datação com carbono-14 só pode determinar a idade de algo que já viveu, não determina a idade de uma rocha lunar ou meteorito. Para substâncias não vivas, os cientistas usam outros isótopos, como o potássio-40.

Separando Elementos com a Fissão Nuclear

Nos anos 1930, cientistas descobriram que algumas reações nucleares podem ser iniciadas e controladas. Em geral, os cientistas realizavam essa tarefa bombardeando um grande isótopo com um segundo menor, comumente um nêutron. A colisão fazia o isótopo maior se separar em dois ou mais elementos, o que é chamado de *fissão nuclear*. A seguinte equação mostra a fissão nuclear do urânio-235:

$$^{235}_{92}U + ^{1}_{0}n \rightarrow ^{142}_{56}Ba + ^{91}_{36}Kr + 3\,^{1}_{0}n$$

Defeito de massa: De onde vem toda essa energia?

As reações da fissão nuclear liberam muita energia. De onde ela vem? Bem, se fizermos medições *muito* precisas das massas de todos os átomos e partículas subatômicas iniciais e todos os átomos e partículas subatômicas finais, descobriremos que "falta" alguma massa. A matéria desaparece durante a reação nuclear. Essa perda de matéria é chamada de *defeito de massa*. A matéria que falta é convertida em energia.

De fato, é possível calcular a quantidade de energia produzida durante uma reação nuclear com uma equação bem simples desenvolvida por Einstein: $E = mc^2$. Nessa equação, E é a quantidade de energia produzida, m é a massa que "falta", ou o defeito de massa, e c é a velocidade da luz no vácuo, que é um número bem grande. A velocidade da luz é ao quadrado, o que torna essa parte da equação tão grande que, mesmo quando multiplicada por uma pequena quantidade de massa, produz uma enorme quantidade de energia.

Reações em cadeia e massa crítica

Veja a equação da fissão do urânio-235 (U-235):

$$^{235}_{92}U + ^{1}_{0}n \rightarrow ^{142}_{56}Ba + ^{91}_{36}Kr + 3\,^{1}_{0}n$$

Observe que um nêutron é usado, mas três são produzidos. Esses três nêutrons, se encontram outros átomos de U-235, podem iniciar outras fissões, produzindo ainda mais nêutrons. É o velho efeito dominó, ou, em termos da química nuclear, é uma cascata contínua de fissões nucleares chamada de *reação em cadeia*. A Figura 4-2 mostra a reação em cadeia do U-235.

LEMBRE-SE

Uma reação em cadeia depende da liberação de mais nêutrons do que são usados durante a reação nuclear. Se escrevêssemos a equação para a fissão nuclear do U-238, o isótopo mais abundante do urânio, usaríamos um nêutron e obteríamos apenas um de volta. Assim, não é possível ter uma reação em cadeia com o U-238. Mas os isótopos que produzem um excesso de nêutrons em sua fissão suportam uma reação em cadeia. Esse tipo de isótopo é dito como sendo *fissionável*, e apenas dois isótopos fissionáveis principais são usados durante as reações nucleares: U-235 e plutônio-239 (Pu-239).

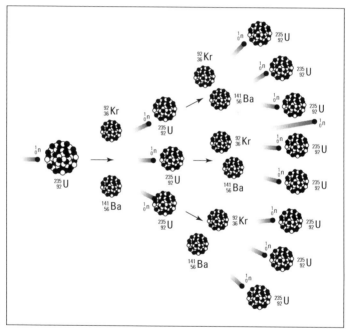

FIGURA 4-2: Reação em cadeia.

Massa crítica é a quantidade mínima de matéria fissionável necessária para suportar uma reação em cadeia autossuficiente. Essa quantidade está relacionada aos nêutrons. Se a amostra é pequena, então é provável que os nêutrons saiam da amostra antes de

CAPÍTULO 4 **Química Nuclear** 55

atingirem o núcleo do U-235, sem a liberação de nenhum elétron extra nem energia. A reação simplesmente falha. Qualquer coisa menor que a massa crítica é chamada de *subcrítica*.

Reunindo com a Fusão Nuclear

Logo depois que os pesquisadores descobriram o processo de fissão, descobriram outro, chamado de *fusão*. A fusão é basicamente o oposto da fissão. Na fissão, um núcleo pesado é dividido em núcleos menores. Com a fusão, os núcleos são fundidos em um núcleo mais pesado.

O processo de fusão é a reação que alimenta o Sol. Em uma série de reações nucleares no Sol, quatro isótopos de hidrogênio-1 (H-1) são fundidos em um hélio-4 (He-4), com a liberação de uma enorme quantidade de energia. Aqui na Terra, as pessoas usam dois outros isótopos de hidrogênio: H-2, chamado *deutério*, e H-3, chamado *trítio*. (O deutério é um isótopo de hidrogênio menor, mas ainda relativamente abundante. O trítio não ocorre naturalmente, mas as pessoas podem produzi-lo com facilidade bombardeando o deutério com um nêutron.)

A seguinte equação mostra a reação da fusão:

$$_1^3H + _1^2H \rightarrow _2^4He + _0^1n$$

> **NESTE CAPÍTULO**
>
> » Descobrindo por que e como os íons são formados
> » Entendendo como os íons criam ligações químicas
> » Decifrando as fórmulas dos compostos iônicos
> » Nomeando os compostos iônicos
> » Conectando condutividade e ligações iônicas

Capítulo 5
Ligação Iônica

Neste capítulo, apresento a ligação iônica, o tipo que mantém os sais unidos. Explico os íons simples e poliatômicos: como se formam e se combinam. Também mostro como prever as fórmulas dos compostos iônicos e como os químicos detectam as ligações iônicas.

Formando Íons: Fazendo Trocas Satisfatórias de Elétrons

Na natureza, conseguir um nível de energia de valência preenchido (completo) é a força motriz das reações químicas, porque quando esse nível está cheio, os elementos ficam estáveis ou "satisfeitos"; os elementos estáveis não perdem, não ganham e nem compartilham elétrons.

Os *gases nobres* (os elementos VIIIA na tabela periódica) são extremamente não reativos, porque seu nível de energia de valência (o nível mais externo) está preenchido. Mas os outros elementos nas famílias A na tabela ganham, perdem ou compartilham os elétrons de valência para preencher seu nível e ficar satisfeitos.

LEMBRE-SE

Como o preenchimento do nível de energia de valência geralmente envolve preencher os orbitais s e p mais externos, às vezes ele é chamado de *regra do octeto*, ou seja, os elementos ganham, perdem ou compartilham elétrons para atingir um octeto completo (oito elétrons de valência: dois no orbital s e seis no orbital p).

Nesta seção, explico como os átomos ganham ou perdem elétrons para formar íons e conseguir estabilidade. Também explico como os íons podem consistir em átomos simples ou em um grupo (para obter informações sobre como conseguir estabilidade compartilhando elétrons, veja o Capítulo 6).

Ganhando e perdendo elétrons

LEMBRE-SE

Quando um átomo ganha ou perde um elétron, ele desenvolve uma carga e se torna um *íon*. Em geral, pode ocorrer a perda ou o ganho de um, dois ou até três elétrons, mas um elemento não perde nem ganha mais de três.

Perdendo um elétron para se tornar um cátion: Sódio

LEMBRE-SE

Os íons que têm uma carga positiva devido à perda de elétrons são chamados de *cátions*. Em geral, um cátion é menor que seu átomo correspondente. Por quê? O nível de energia preenchido determina o tamanho de um átomo ou um íon, e um cátion cede elétrons suficientes para perder um nível inteiro de energia.

Considere o sódio, um metal alcalino e membro da família IA na tabela periódica. O sódio tem 1 elétron de valência e 11 elétrons totais, porque seu número atômico é 11. Ele tem uma configuração de elétrons $1s^2 2s^2 2p^6 3s^1$ (veja o Capítulo 2 para fazer uma revisão das configurações do elétron).

Pela regra do octeto, o sódio se torna estável quando tem oito elétrons de valência. Existem duas possibilidades para o sódio ficar estável: pode ganhar mais sete elétrons para preencher o nível de energia 3 ou perder um elétron 3s para que o nível de energia 2 (que já está preenchido com oito elétrons) se torne o nível de energia de valência.

Então, para ganhar estabilidade, o sódio perde seu elétron 3s. Nesse ponto, ele tem 11 prótons (11 cargas positivas) e 10 elétrons (10 cargas negativas). O átomo de sódio, que antes era neutro, agora tem uma carga positiva [11(+) mais 10(−) igual a 1+]. Agora ele é um íon, um átomo que tem carga devido à perda ou ao ganho de elétrons. Podemos escrever uma configuração do elétron para o cátion do sódio:

$Na^+ : 1s^2 2s^2 2p^6$

DICA

Note que, se um íon simplesmente tem 1 unidade de carga, positiva ou negativa, é normal não escrever 1; basta usar o sinal de mais ou menos, com o 1 subentendido.

Os átomos com configurações de elétron correspondentes são *isoeletrônicos* entre si. O íon de sódio carregado positivamente (cátion) tem a mesma configuração de elétron do neônio, portanto, é isoeletrônico em relação ao neônio. Então o sódio se torna neônio perdendo um elétron? Não. O sódio ainda tem 11 prótons, e essa quantidade determina a identidade do elemento.

Há uma diferença entre o átomo de sódio neutro e o cátion de sódio: um elétron. Como resultado, suas reações químicas são diferentes, assim como seus tamanhos. Como o sódio perde um nível de energia inteiro para mudar de um átomo neutro para um cátion, o cátion é menor.

Ganhando um elétron para se tornar um ânion: Cloro

LEMBRE-SE

Os íons com uma carga negativa devido ao ganho de elétrons são chamados de *ânions*. Em geral, um ânion é um pouco maior que seu átomo correspondente, porque os prótons precisam atrair um ou mais elétrons extras. A força de atração é um pouco reduzida, portanto, os elétrons são livres para se mover um pouco para fora.

O cloro, membro da família dos halogênios (família VIIA na tabela periódica), normalmente forma ânions. Ele tem 7 elétrons de valência, um total de 17 elétrons, e sua configuração de elétron é $1s^2 2s^2 2p^6 3s^2 3p^5$. Portanto, para obter um octeto completo, o cloro deve perder 7 elétrons no nível de energia 3 ou ganhar 1 nesse nível.

Como os elementos não perdem nem ganham mais de 3 elétrons, o cloro deve ganhar 1 elétron para preencher o nível de energia 3. Nesse ponto, ele tem 17 prótons (17 cargas positivas) e 18 elétrons (18 cargas negativas). Assim, ele se torna um íon com uma carga negativa (Cl^-). O átomo de cloro neutro se torna um *íon de cloro*. A configuração eletrônica do ânion de cloro é:

$Cl^- : 1s^2 2s^2 2p^6 3s^2 3p^6$

CAPÍTULO 5 **Ligação Iônica** 59

O ânion de cloro é isoeletrônico em relação ao argônio, e é também um pouco maior que o átomo de cloro neutro. Para completar o octeto, o elétron ganho foi para o nível de energia 3. Mas agora existem 17 prótons atraindo 18 elétrons, portanto, os elétrons podem se mover um pouco para fora.

Vendo as cargas nos íons de um átomo

DICA

Na tabela periódica, os algarismos romanos no topo das famílias A mostram o número dos elétrons de valência em cada elemento. Como os átomos formam íons para conseguir níveis completos da energia de valência, isso significa que muitas vezes podemos usar a posição de um elemento na tabela para descobrir o tipo de carga que um íon normalmente tem. Veja como combinar as famílias A com os íons formados:

» **Família IA (metais alcalinos):** Cada elemento tem um elétron de valência, assim, perde um elétron para formar um cátion com uma carga 1+.

» **Família IIA (metais alcalinos terrosos):** Cada elemento tem dois elétrons de valência, assim, perde dois elétrons para formar um cátion 2+.

» **Família IIIA:** Cada elemento tem três elétrons de valência, assim, perde três elétrons para formar um cátion 3+.

» **Família VA:** Cada elemento tem cinco elétrons de valência, assim, ganha três elétrons para formar um ânion com carga 3−.

» **Família VIA:** Cada elemento tem seis elétrons de valência, assim, ganha dois elétrons para formar um ânion com carga 2−.

» **Família VIIA (halogênios):** Cada elemento tem sete elétrons de valência, assim, ganha um elétron para formar um ânion com carga 1−.

Determinar o número de elétrons que os membros dos metais de transição (famílias B) perdem é mais difícil. Na verdade, muitos desses elementos perdem um número variável de elétrons para que formem dois ou mais cátions com cargas diferentes.

Vendo alguns íons comuns de um átomo

A Tabela 5-1 mostra a família, o elemento, o nome do íon e o símbolo para alguns cátions comuns monoatômicos (um átomo).

TABELA 5-1 Cátions Comuns Monoatômicos

Família	Elemento	Nome do Íon	Símbolo do Íon
IA	Lítio	Cátion lítio	Li^+
	Sódio	Cátion sódio	Na^+
	Potássio	Cátion potássio	K^+
IIA	Berílio	Cátion berílio	Be^{2+}
	Magnésio	Cátion magnésio	Mg^{2+}
	Cálcio	Cátion cálcio	Ca^{2+}
	Estrôncio	Cátion estrôncio	Sr^{2+}
	Bário	Cátion bário	Ba^{2+}
IB	Prata	Cátion prata	Ag^+
IIB	Zinco	Cátion zinco	Zn^{2+}
IIIA	Alumínio	Cátion alumínio	Al^{3+}

A Tabela 5-2 fornece as mesmas informações para alguns ânions comuns monoatômicos.

TABELA 5-2 Ânions Comuns Monoatômicos

Família	Elemento	Nome do Íon	Símbolo do Íon
VA	Nitrogênio	Ânion nitrogênio	N^{3-}
	Fósforo	Ânion fósforo	P^{3-}
VIA	Oxigênio	Ânion oxigênio	O^{2-}
	Enxofre	Ânion enxofre	S^{2-}
VIIA	Flúor	Ânion flúor	F^-
	Cloro	Ânion cloro	Cl^-
	Bromo	Ânion bromo	Br^-
	Iodo	Ânion iodo	I^-

CAPÍTULO 5 **Ligação Iônica**

Possíveis cargas: Nomeando íons com múltiplos estados de oxidação

A carga elétrica que um átomo consegue às vezes é chamada de *estado de oxidação*. Muitos íons do metal de transição (famílias B) têm estados de oxidação variáveis, porque esses elementos podem variar a quantidade de elétrons que perdem. A Tabela 5-3 mostra alguns metais de transição comuns que têm mais de um estado de oxidação.

TABELA 5-3 Metais Comuns com Mais de Um Estado de Oxidação

Família	Elemento	Nome do Íon	Símbolo do Íon
VIB	Cromo	Cromo (II) ou cromoso	Cr^{2+}
		Cromo (III) ou crômico	Cr^{3+}
VIIB	Manganês	Manganês (II) ou manganoso	Mn^{2+}
		Manganês (III) ou mangânico	Mn^{3+}
VIIIB	Ferro	Ferro (II) ou ferroso	Fe^{2+}
		Ferro (III) ou férrico	Fe^{3+}
	Cobalto	Cobalto (II) ou cobaltoso	Co^{2+}
		Cobalto (III) ou cobáltico	Co^{3+}
IB	Cobre	Cobre (I) ou cuproso	Cu^{+}
		Cobre (II) ou cúprico	Cu^{2+}
IIB	Mercúrio	Mercúrio (I) ou mercuroso	Hg_2^{2+}
		Mercúrio (II) ou mercúrico	Hg^{2+}
IVA	Estanho	Estanho (II) ou estanoso	Sn^{2+}
		Estanho (IV) ou estânico	Sn^{4+}
	Chumbo	Chumbo (II) ou plumboso	Pb^{2+}
		Chumbo (IV) ou plúmbico	Pb^{4+}

LEMBRE-SE

Observe que esses cátions têm mais de um nome. Veja os dois modos de nomear os cátions dos elementos com mais de um estado de oxidação:

» **Método atual:** Use o nome do metal, como cromo, seguido da carga iônica escrita em romano entre parênteses, como (II). Por exemplo, Cr^{2+} é *cromo (II)*, e Cr^{3+} é *cromo (III)*.

» **Método tradicional:** Um antigo modo de nomear os íons usa as terminações *-oso* e *-ico*. Quando um elemento tiver mais de um íon, faça o seguinte:

- Dê ao íon com o menor estado de oxidação (carga numérica menor, ignorando + ou −) uma terminação *-oso*.

- Dê ao íon com o maior estado de oxidação (carga numérica maior) uma terminação *-ico*.

Então, para o cromo, o íon Cr^{2+} é chamado de *cromoso*, e o íon Cr^{3+} é chamado de *crômico*.

Agrupando átomos para formar íons poliatômicos

Os íons podem ser *poliatômicos*, compostos de um grupo de átomos. Por exemplo, veja a Tabela 5-3 na seção anterior. Notou algo sobre o íon mercúrio (I)? Seu símbolo, Hg_2^{2+}, mostra que dois átomos de mercúrio estão ligados. Esse grupo tem uma carga 2+, com cada cátion de mercúrio tendo uma carga 1+. O íon mercuroso é classificado como poliatômico.

Do mesmo modo, o símbolo do íon de enxofre, SO_4^{2-}, indica que um átomo de enxofre e quatro átomos de oxigênio estão ligados, e esse íon poliatômico inteiro tem dois elétrons extras: uma carga 2−.

Os íons poliatômicos são tratados como os monoatômicos (veja "Nomeando os compostos iônicos", posteriormente neste capítulo). A Tabela 5-4 lista alguns íons poliatômicos importantes.

TABELA 5-4   **Alguns Íons Poliatômicos Importantes**

Nome do Íon	Símbolo o Íon
Sulfito	SO_3^{2-}
Sulfato	SO_4^{2-}
Tiossulfato	$S_2O_3^{2-}$
Bissulfato (ou sulfato de hidrogênio)	HSO_4^-

(continua)

(continuação)

Nome do Íon	Símbolo o Íon
Nitrito	NO_2^-
Nitrato	NO_3^-
Hipoclorito	ClO^-
Clorito	ClO_2^-
Clorato	ClO_3^-
Perclorato	ClO_4^-
Cromato	CrO_4^{2-}
Dicromato	$Cr_2O_7^{2-}$
Arsenito	AsO_3^{3-}
Arseniato	AsO_4^{3-}
Fosfato	PO_4^{3-}
Fosfato de hidrogênio	HPO_4^{2-}
Fosfato de di-hidrogênio	$H_2PO_4^-$
Carbonato	CO_3^{2-}
Bicarbonato (ou carbonato de hidrogênio)	HCO_3^-
Cianeto	CN^-
Cianato	OCN^-
Tiocianato	SCN^-
Peróxido	O_2^{2-}
Hidróxido	OH^-
Acetato	$C_2H_3O_2^-$
Oxalato	$C_2O_4^{2-}$
Permanganato	MnO_4^-
Amônio	NH_4^+
Mercúrio (I)	Hg_2^{2+}

Criando Compostos Iônicos

Ligação iônica, a ligação que une cátions e ânions, é um dos dois tipos maiores de ligação em química (descrevo o outro tipo, *ligação covalente*, no Capítulo 6).

LEMBRE-SE

Uma ligação iônica ocorre entre um metal e um não metal. O metal perde elétrons (para se tornar um cátion carregado positivamente), e um não metal ganha esses elétrons (para ser um ânion carregado negativamente). Os íons têm cargas opostas, portanto, se atraem. Essa atração os reúne em um composto.

Nesta seção, veremos como funciona a ligação iônica, como escrevemos fórmulas e nomeamos os compostos iônicos.

Fazendo uma ligação: Metal sódio + gás de cloro = cloreto de sódio

LEMBRE-SE

A transferência de um elétron cria íons, ou seja, cátions (carga positiva) e ânions (carga negativa). As cargas opostas se atraem, portanto, os cátions e os ânions podem se unir em uma *ligação iônica*, que é uma ligação química (uma forte força de atração que mantém juntos dois elementos químicos) que vem da *atração eletrostática* (atração de cargas opostas) entre cátions e ânions. Juntos, os íons formam um composto.

Por exemplo, o sódio, um metal, pode preencher seu octeto e conseguir estabilidade perdendo um elétron. O cloro, um não metal, pode preencher seu octeto ganhando um elétron (veja a seção anterior "Ganhando e perdendo elétrons" para obter detalhes sobre a regra do octeto). Se os dois estão no mesmo recipiente, então o elétron que o sódio perde pode ser o mesmo que o cloro ganha. O cátion Na^+ atrai o ânion Cl^- e forma o composto NaCl, cloreto de sódio.

Os compostos com ligações iônicas são comumente chamados de *sais*. No cloreto de sódio (sal de cozinha), um cristal é formado, no qual cada cátion de sódio é cercado por seis ânions diferentes de cloreto e cada ânion de cloreto é cercado por seis cátions diferentes de sódio.

Diferentes tipos de sais têm diferentes estruturas de cristal. Os cátions e os ânions podem ter mais de uma unidade de carga positiva ou negativa se perdem ou ganham mais de um elétron. Dessa forma, são possíveis muitos tipos diferentes de sais.

Descobrindo as fórmulas dos compostos iônicos

Quando um composto iônico é formado, o cátion e o ânion se atraem, resultando em um sal. Esta seção mostra como escrever a fórmula desse sal.

Balanceando as cargas: Magnésio e bromo

Suponha que você saiba a *fórmula*, ou a composição, de um composto que resulta da reação de um metal e não metal. Você começa colocando os dois átomos lado a lado, com o metal à esquerda. Então soma suas cargas.

A Figura 5-1 mostra esse processo para o magnésio e o bromo (esqueça as linhas cruzadas agora. Elas serão explicadas na próxima seção "Usando a regra cruzada").

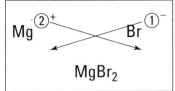

FIGURA 5-1: Representação da fórmula do brometo de magnésio.

As configurações de elétron para o magnésio e o brometo são:

Magnésio (Mg): $1s^2 2s^2 2p^6 3s^2$
Brometo (Br): $1s^2 2s^2 2p^6 3s^2 3p^6 4s^2 3d^{10} 4p^5$

O magnésio, um metal alcalino terroso, tem dois elétrons de valência, que ele perde para formar um cátion com uma carga 2+. A configuração de elétron para o cátion de magnésio é:

Mg^{2+} : $1s^2 2s^2 2p^6$

O brometo, um halogênio, tem sete elétrons de valência, portanto, ganha um elétron para completar seu octeto (oito elétrons de valência) e formar o ânion de brometo com uma carga 1 –. A configuração de elétron do ânion de brometo é:

$Br^{1-} : 1s^2 2s^2 2p^6 3s^2 3p^6 4s^2 3d^{10} 4p^6$

LEMBRE-SE

Ao escrever a fórmula de um composto, ele deve ser neutro, ou seja, precisa ter números iguais de cargas positivas e negativas. Então, depois de escrever os átomos, é preciso balancear as cargas.

O íon de magnésio tem 2+, portanto, requer dois ânions de brometo, cada um com uma carga negativa, para balancear as duas cargas positivas do magnésio. Assim, a fórmula do composto resultante da reação do magnésio com o brometo é $MgBr_2$.

Usando a regra cruzada

DICA

Um modo rápido de determinar a fórmula de um composto iônico é usar a *regra cruzada*. pegue o valor numérico do sobrescrito do íon de metal (esqueça o símbolo da carga) e mova-o para o lado inferior direito do símbolo do não metal, como um subscrito. Então, pegue o valor numérico do sobrescrito do não metal e torne-o o subscrito do metal (note que se o valor numérico for 1, ele estará subentendido e não será mostrado).

Para ver como usar essa regra, veja a Figura 5-1. Para o magnésio e o bromo, torne o 2 do magnésio o subscrito do bromo e o 1 do bromo o subscrito do magnésio (mas como é 1, não é preciso escrever). Temos a fórmula $MgBr_2$.

Então o que acontece se reagimos o alumínio e o oxigênio? A Figura 5-2 mostra a regra cruzada da reação. Temos Al_2O_3.

FIGURA 5-2: Descobrindo a fórmula do óxido de alumínio.

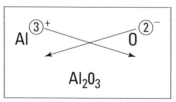

Os compostos que envolvem íons poliatômicos funcionam exatamente igual. Por exemplo, veja um composto criado a partir do cátion amônio (NH_4^+) e do ânion sulfeto (S^{2-}):

$(NH_4)_2S$

CAPÍTULO 5 **Ligação Iônica** 67

LEMBRE-SE

Note que, como são necessários dois íons de amônio (duas cargas positivas) para neutralizar as duas cargas negativas do íon sulfeto, colocamos o íon amônio entre parênteses e adicionamos um 2 subscrito.

Após usar a regra cruzada, reduza todos os subscritos a um fator comum, se possível, para obter a fórmula certa.

Por exemplo, suponha que você queira escrever o composto formado quando o cálcio reage com o oxigênio. O cálcio, um metal alcalino terroso, forma um cátion 2+ e o oxigênio forma um ânion 2–. Portanto, podemos prever que a fórmula é:

Ca_2O_2

Mas é preciso dividir cada subscrito por 2 para obter a fórmula correta:

CaO

Nomeando os compostos iônicos

LEMBRE-SE

Quando nomeamos compostos inorgânicos, escrevemos o nome do metal primeiro, e depois o do não metal, adicionando uma terminação *-eto* ao não metal (para compostos que envolvem íons monoatômicos).

Suponha, por exemplo, que você queira nomear Li_2S, o composto que resulta da reação do lítio e do enxofre. Primeiro escreva o nome do metal, lítio, depois escreva o nome do não metal, adicionando a terminação *-eto* então o *enxofre* se torna *sulfeto*:

Li_2S: Sulfeto de lítio

Os compostos iônicos que envolvem íons poliatômicos seguem a mesma regra básica: escreva o nome do metal primeiro, depois basta adicionar o nome do não metal. Porém, com os ânions poliatômicos, não é necessário adicionar a terminação -eto:

$(NH_4)_2CO_3$: Carbonato de amônio
K_3PO_4: Fosfato de potássio

Lidando com múltiplos estados de oxidação

Quando o metal envolvido é um metal de transição com mais de um estado de oxidação (veja a Tabela 5-3, anteriormente no capítulo), pode haver mais de um modo de nomear corretamente o composto, com base em como você nomeia o metal.

Por exemplo, suponha que você queira nomear o composto formado entre o cátion Fe^{3+} e o íon de cianeto, CN^-. O método preferido é usar o nome do metal seguido da carga iônica escrita em algarismo romano entre parênteses: ferro (III). Porém, um método de nomenclatura mais antigo, ainda usado (por isso é uma boa ideia conhecê-lo), é usar as terminações *-oso* e *-ico*.

LEMBRE-SE

O íon com o estado de oxidação menor (carga numérica menor, ignorando + ou –) tem uma terminação *-oso* e o íon com o estado de oxidação maior (carga numérica maior) tem uma terminação *-ico*. Como o Fe^{3+} tem um estado de oxidação maior que Fe^{2+}, é chamado de *íon férrico*.

Depois de escrever o nome do metal, nomeie o não metal. Portanto, o composto $Fe(CN)_3$ pode ser nomeado como:

$Fe(CN)_3$: cianeto de ferro(III) ou cianeto férrico

Obtendo nomes a partir das fórmulas e fórmulas a partir dos nomes

Às vezes, descobrir a carga em um íon pode ser um desafio (e divertido), então veja como nomear $FeNH_4(SO_4)_2$. Mostrei anteriormente na Tabela 5-4 que o íon sulfato tem uma carga 2– e com a fórmula podemos ver que existem dois desses íons. Assim, temos um total de quatro cargas negativas. A Tabela 5-4 também indica que o íon amônio tem uma carga 1+, então podemos descobrir a carga no cátion de ferro:

Íon	Carga
Fe	?
NH_4	1+
$(SO_4)_2$	(2–)×2

CAPÍTULO 5 **Ligação Iônica** 69

Como temos uma carga 4− para os sulfatos e 1+ para o amônio, o ferro deve ser 3+ para tornar o composto neutro. Portanto, está no estado de oxidação do ferro (III) ou *férrico*. Podemos nomear o composto como:

FeNH₄(SO4)₂: Sulfato de amônio e ferro (III) ou sulfato de amônio férrico

E, por fim, se temos o nome, podemos derivar a fórmula e a carga nos íons. Por exemplo, suponha que seja dado o nome *óxido cuproso*. Sabemos que o íon cuproso é Cu^+ e o íon de óxido é O^{2-}. Aplicando a regra cruzada (na seção "Usando a regra cruzada"), temos a seguinte fórmula:

Óxido cuproso: Cu₂O

Dicas da Ligação: Eletrólitos e Não Eletrólitos

DICA

Os cientistas podem ter boas dicas sobre o tipo de ligação em um composto descobrindo se uma substância é um eletrólito ou não eletrólito. As substâncias ligadas ionicamente agem como eletrólitos, mas os compostos ligados de modo covalente, nos quais não há íons presentes, são comumente chamados de não eletrólitos.

Eletrólitos são substâncias que conduzem eletricidade no estado fundido ou quando dissolvidas em água. Se você derretesse NaCl puro (que requer muito calor!) e verificasse a condutividade do sal fundido, descobriria que o sal de cozinha fundido também conduz eletricidade. No estado fundido, os íons NaCl ficam livres para se mover e carregar elétrons, exatamente como na solução de água salgada.

As substâncias que não conduzem eletricidade, quando nesses estados, são chamadas de *não eletrólitos*. O açúcar de mesa, ou sacarose, é um bom exemplo de não eletrólito. Podemos dissolver o açúcar em água ou derretê-lo, mas ele não terá condutividade. Não há íons para transferir os elétrons.

> **NESTE CAPÍTULO**
> » Vendo como um átomo de hidrogênio se liga a outro
> » Definindo ligação covalente
> » Descobrindo os diferentes tipos de fórmulas químicas
> » Vendo a ligação covalente polar e a eletronegatividade

Capítulo 6
Ligação Covalente

O que une o açúcar, o vinagre e até o DNA? Não são as ligações iônicas! Neste capítulo, analiso outro tipo maior de ligação, a covalente. E explico o básico com um composto covalente extremamente simples, o hidrogênio.

Fundamentos da Ligação Covalente

Os átomos formam compostos para conseguir um nível de energia de covalência preenchido (veja o Capítulo 2 para saber mais sobre os níveis de energia). Mas em vez de ganhar ou perder elétrons, como na ligação iônica (Capítulo 5), os átomos em alguns compostos compartilham elétrons. Essa é a base da *ligação covalente*.

Compartilhando elétrons: Hidrogênio como exemplo

O hidrogênio é o número 1 na tabela periódica, no canto superior esquerdo. Ele tem um elétron de valência e adoraria ganhar outro para preencher seu nível de energia 1s, o que o tornaria *soeletrônico* em relação ao hélio (porque os dois teriam a mesma configuração

CAPÍTULO 6 **Ligação Covalente** 71

eletrônica), o gás nobre mais próximo. O nível de energia 1 pode ter apenas dois elétrons no orbital 1s, portanto, ganhar outro elétron o preencheria. Essa é a força motriz do hidrogênio: preencher o nível de energia de valência e conseguir a mesma organização de elétrons do gás nobre mais próximo.

Por que os átomos precisam compartilhar

Por que o simples ganho ou perda de elétrons não pode explicar a estabilidade do H_2? Imagine um átomo de hidrogênio transferindo seu único elétron para outro átomo de hidrogênio. O átomo que recebe o elétron preenche sua camada de valência e atinge a estabilidade enquanto se torna um ânion (H^-). Porém, o outro átomo de hidrogênio agora não tem nenhum elétron (H^+) e fica mais instável. Esse processo de perda e ganho de elétrons simplesmente não acontecerá, porque o objetivo dos dois átomos é preencher seus níveis de energia de valência. Portanto, o composto H_2 não pode resultar da perda ou do ganho de elétrons.

O que *pode* acontecer é que os dois átomos podem compartilhar seus elétrons. No nível atômico, esse compartilhamento é representado pelos orbitais do elétron (às vezes chamados de *nuvens de elétrons*) se sobrepondo. Os dois elétrons (um de cada átomo de hidrogênio) "pertencem" a ambos. Cada átomo sente o efeito dos dois elétrons; cada um, de certa forma, preencheu seu nível de energia de valência. Uma *ligação covalente* é formada, ou seja, uma ligação química vem do compartilhamento de um ou mais pares de elétrons entre dois átomos.

É por isso que o hidrogênio encontrado na natureza muitas vezes não é composto de um átomo individual. É basicamente encontrado como H_2, um composto *diatômico* (dois átomos). Indo um pouco além, como uma *molécula* é uma combinação de dois ou mais átomos, o H_2 é chamado de *molécula diatômica*.

LEMBRE-SE

Além do hidrogênio, seis outros elementos são encontrados na natureza na forma diatômica: oxigênio (O_2), nitrogênio (N_2), flúor (F_2), cloro (Cl_2), bromo (Br_2) e iodo (I_2). Portanto, quando falo sobre gás oxigênio ou bromo líquido, estou falando de compostos diatômicos (molécula diatômica).

Representando ligações covalentes

A sobreposição dos orbitais do elétron e o compartilhamento de um par de elétrons são representados na Figura 6-1a.

Outro modo de representar o processo é usando uma *fórmula de elétrons e pontos*. Nela, os elétrons de valência são representados como pontos em torno do símbolo atômico, e os elétrons compartilhados ficam entre os dois átomos envolvidos na ligação covalente. A Figura 6-1b mostra as representações da fórmula do H_2.

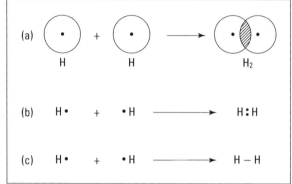

FIGURA 6-1: Formação de uma ligação covalente no hidrogênio.

Na maioria das vezes, uso uma pequena modificação da fórmula de elétrons e pontos chamada *fórmula estrutural de Lewis*, que é basicamente igual, mas o par compartilhado de elétrons (a ligação covalente) é representada por um traço. A Figura 6-1c mostra a fórmula estrutural de Lewis.

Comparando ligações covalentes com outras ligações

As propriedades dos compostos iônicos e covalentes são diferentes. A Tabela 6-1 mostra como os compostos se comportam. (**Nota:** Para ter a classificação entre metais e não metais, veja o Capítulo 3.)

TABELA 6-1 **Propriedades dos Compostos Iônicos e Covalentes**

Propriedade	Compostos Iônicos (Sais)	Compostos Covalentes
As ligações ocorrem entre	Metal e não metal	Dois não metais
Estado do composto em temperatura ambiente	Geralmente sólidos	Podem ser sólido, líquido ou gás
Ponto de fusão	Maior do que para os compostos covalentes	Menor do que para os compostos iônicos
Eletrólitos (formam íons e conduzem eletricidade quando dissolvidos) ou não eletrólitos	Tendem a ser eletrólitos	Tendem a ser não eletrólitos

Sei o que você está pensando: se os metais reagem com os não metais para formar ligações iônicas e os não metais reagem com outros não metais para formar ligações covalentes, os metais reagem com outros metais? A resposta é sim e não.

Os metais realmente não reagem com outros metais para formar compostos. Pelo contrário, eles se combinam para formar *ligas*, soluções de um metal em outro. Mas existe tal situação como ligação metálica e está presente nas ligas e nos metais puros. Na *ligação metálica*, os elétrons de valência de cada átomo de metal são doados a uma piscina de elétrons, comumente chamado de *mar de elétrons*, e são compartilhados por todos os átomos no metal. Esses elétrons de valência são livres para se mover em toda a amostra, em vez de ficarem bem ligados a um núcleo individual do metal. A capacidade dos elétrons de valência fluírem por toda a amostra de metal explica por que os metais tendem a ser condutores de eletricidade e calor.

Lidando com múltiplas ligações

Defino ligação covalente como o compartilhamento de um *ou mais* pares de elétrons. No hidrogênio e na maioria das outras moléculas diatômicas, apenas um par de elétrons é compartilhado. Mas em muitas situações de ligação covalente, os átomos compartilham mais de um. Por exemplo, o nitrogênio (N_2) é uma molécula diatômica na qual os átomos compartilham mais de um par de elétrons.

O átomo de nitrogênio está na família VA na tabela periódica, significando que tem cinco elétrons de valência (veja o Capítulo 3 para obter detalhes sobre a tabela). Portanto, o nitrogênio precisa de mais três elétrons de valência para completar seu octeto. Um átomo de nitrogênio pode preencher seu octeto compartilhando três elétrons com outro átomo de nitrogênio, formando três ligações covalentes, a chamada *ligação tripla*. A Figura 6-2 mostra a formação de ligação tripla do nitrogênio.

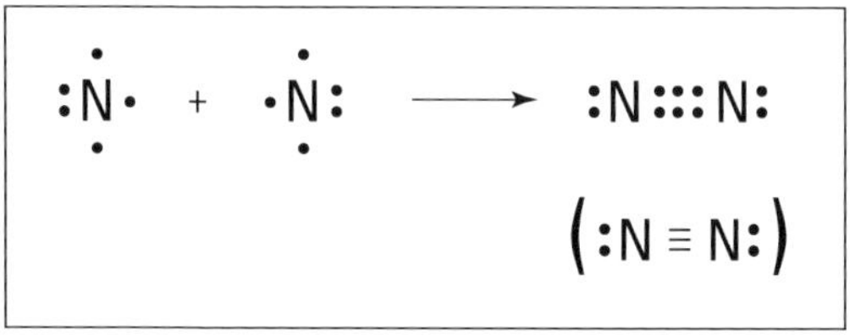

FIGURA 6-2: Formação de ligação tripla no N_2.

$$:\!\overset{..}{N}\cdot \;+\; \cdot\overset{..}{N}\!: \;\longrightarrow\; :N:::N:$$

$$(:N \equiv N:)$$

Uma ligação tripla não é três vezes mais forte do que uma ligação simples, mas é muito forte. Na verdade, a ligação tripla no nitrogênio é uma das mais fortes conhecidas. É ela que torna o nitrogênio muito estável e resistente à reação com outras substâncias químicas. Também é por isso que muitos compostos explosivos (como TNT e nitrato de amônio) contêm nitrogênio: quando esses compostos se separam em uma reação química, forma-se gás nitrogênio (N_2) e uma grande quantidade de energia é liberada.

O dióxido de carbono, (CO_2), é outro exemplo de composto com ligação múltipla. O carbono pode reagir com o oxigênio para formar o dióxido de carbono. O carbono tem quatro elétrons de valência e o oxigênio tem seis. O carbono pode compartilhar dois de seus elétrons de valência com cada um dos dois átomos de oxigênio, formando duas ligações duplas. A Figura 6-3 mostra as ligações duplas.

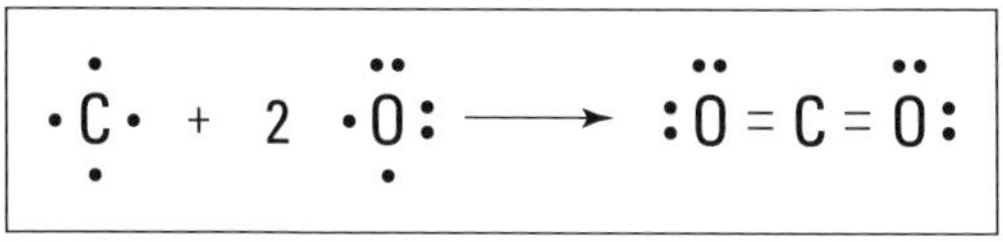

FIGURA 6-3: Formação do dióxido de carbono.

$$\cdot\overset{..}{C}\cdot \;+\; 2\; \cdot\overset{..}{O}\!: \;\longrightarrow\; :\overset{..}{O}=C=\overset{..}{O}:$$

CAPÍTULO 6 **Ligação Covalente** 75

Nomeando Compostos Covalentes Feitos de Dois Elementos

Compostos binários são formados por apenas dois elementos, como o dióxido de carbono, (CO_2). Os químicos usam prefixos nos nomes dos compostos binários para indicar o número de átomos de cada não metal presente. A Tabela 6-2 lista os prefixos mais comuns para os compostos covalentes binários.

TABELA 6-2 **Prefixos dos Compostos Covalentes Binários**

Número de Átomos	Prefixo	Número de Átomos	Prefixo
1	mono-	6	hexa-
2	di-	7	hepta-
3	tri-	8	octa-
4	tetra-	9	nona-
5	penta-	10	deca-

O prefixo *mono-* raramente é usado. O monóxido de carbono é um dos poucos componentes que o utilizam.

Veja os seguintes exemplos para saber como usar os prefixos ao nomear os compostos covalentes binários (estão em itálico):

» **CO_2:** *Di*óxido de carbono

» **P_4O_{10}:** *Dec*óxido de *tetra*fósforo (os químicos tentam evitar colocar *a* e *o* juntos no nome do óxido, como em dec*ao*óxido, então normalmente tiram o *a* do prefixo)

» **SO_3:** *tri*óxido de enxofre

» **N_2O_4:** *Tetr*óxido de *di*nitrogênio

Esse sistema de nomenclatura é usado apenas com compostos binários e não metais, com uma exceção: MnO_2 é comumente chamado de dióxido de manganês.

Escrevendo Fórmulas dos Componentes Covalentes

Podemos prever a fórmula de um composto iônico com base na perda e no ganho dos elétrons para atingirem uma configuração de gás nobre, como mostro no Capítulo 5 (por exemplo, se reagimos Ca com Cl, podemos prever a fórmula do sal resultante: $CaCl_2$). Porém, não podemos fazer esse tipo de previsão para os compostos covalentes, porque eles podem se combinar de muitas maneiras, podendo resultar em muitos compostos covalentes diferentes e possíveis.

Na maioria das vezes, é preciso conhecer a fórmula da molécula estudada. Mas podemos ter vários tipos diferentes de fórmulas e cada uma passa informações um pouco diferentes. Ah, que alegria!

Fórmulas empíricas

LEMBRE-SE

Uma *fórmula empírica* indica os diferentes tipos de elementos em uma molécula e a menor proporção de números inteiros de cada tipo de átomo na molécula. Por exemplo, suponha que você tenha um composto com a fórmula empírica C_2H_6O. Existem três tipos diferentes de átomos (C, H e O) no composto e eles estão na menor proporção de números inteiros de dois carbonos para seis hidrogênios e um oxigênio.

Fórmulas moleculares ou verdadeiras

A *fórmula molecular*, ou *fórmula verdadeira*, informa os tipos de átomos no composto e o número real de cada um.

Podemos determinar, por exemplo, que a fórmula empírica C_2H_6O é, de fato, a fórmula molecular também, significando que existem mesmo dois átomos de carbono, seis de hidrogênio e um de oxigênio no composto. Contudo, podemos notar que a fórmula molecular é $C_4H_{12}O_2$, $C_6H_{18}O_3$, $C_8H_{24}O_4$ ou outro múltiplo de 2:6:1.

Fórmulas estruturais: Pontos e traços

Para os compostos iônicos, a fórmula molecular é suficiente para identificar totalmente um composto, mas não para identificar os componentes covalentes. Veja a Figura 6-4. Os dois compostos têm

CAPÍTULO 6 **Ligação Covalente** 77

a fórmula molecular C₂H₆O, ou seja, ambos têm dois átomos de carbono, seis de hidrogênio e um de oxigênio.

Mas são dois compostos inteiramente diferentes com dois conjuntos de propriedades muito diferentes. A diferença está no modo como os átomos são ligados ou o que está ligado a quê. O componente à esquerda, o d¹met¹l éter, é usado em algumas unidades de refrigeração e é altamente inflamável. À direita temos o *álcool etí-l¹co*, que é uma variedade de álcool para bebidas. Simplesmente saber a fórmula molecular não é suficiente para diferenciá-los. Você consegue imaginar ir a um restaurante, pedir uma dose de C₂H₆O e receber dimetil éter em vez de tequila?

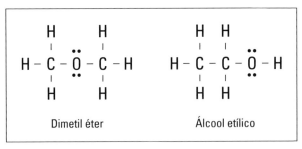

FIGURA 6-4: Dois compostos possíveis do C₂H₆O.

LEMBRE-SE

Os compostos com a mesma fórmula molecular, mas estruturas diferentes, são chamados entre si de *ιômeroι*. Para identificar o composto covalente exato, é preciso ter sua *fórmula eιtrutural*.

Essa fórmula mostra os elementos no composto, o número exato de cada átomo e o padrão de ligação. A fórmula de elétrons e pontos e a fórmula de Lewis, que explico nesta seção, são as comuns.

Ligações básicas: Escrevendo a fórmula de elétrons e pontos, e a de Lewis

As próximas etapas explicam como escrever a fórmula de elétrons e pontos de uma molécula simples (água) e fornecem diretrizes gerais:

1. **Escreva uma estrutura de esqueleto mostrando um padrão de ligação razoável com apenas os símbolos do elemento.**

DICA

Muitas vezes, a maioria dos átomos está ligada a um único átomo. Esse átomo é chamado de *central*. O hidrogênio e os halogênios

78 Química Essencial Para Leigos

são átomos centrais muito raros. Carbono, silício, nitrogênio, fósforo, oxigênio e enxofre são sempre bons candidatos, porque formam mais de uma ligação covalente ao preencherem seu nível de energia de valência. No caso da água, H_2O, o oxigênio é o elemento central, e os átomos de hidrogênio são ligados a ele. O padrão de ligação é assim:

$$O\begin{matrix}H\\H\end{matrix}$$

Não importa onde você coloca os átomos de hidrogênio em torno do oxigênio. Eu os coloco em um ângulo de 90° entre si.

2. **Pegue todos os elétrons de valência de todos os átomos e coloque-os em um pote de elétrons.**

Cada átomo de hidrogênio tem um elétron, e o átomo de oxigênio tem seis elétrons de valência (família VIA), assim, temos oito elétrons no pote de elétrons. São os elétrons usados ao fazer suas ligações e completar o octeto de cada átomo.

pote de elétrons

3. **Use a equação $N - A = S$ para descobrir o número de ligações covalentes nessa molécula.**

Na equação,

- **N é igual à soma do número de elétrons de valência necessários para cada átomo.** N tem apenas dois valores possíveis: 2 ou 8. Se o átomo for o hidrogênio, será 2; se for outro, será 8.

- **A é igual à soma do número de elétrons de valência disponíveis para cada átomo.** A é o número de elétrons de valência em seu pote de elétrons (se você estiver fazendo a estrutura de um íon, adicionará um elétron para cada unidade de carga negativa ou diminuirá um elétron para cada unidade de carga positiva).

CAPÍTULO 6 **Ligação Covalente** 79

- **S é igual ao número de elétrons compartilhados na molécula.** E se você dividir S por 2, terá o número de ligações covalentes na molécula.

Portanto, no caso da água,

- $N = 8 + 2(2) = 12$ (oito elétrons de valência para o átomo de oxigênio mais dois para cada um dos dois átomos de hidrogênio)
- $A = 6 + 2(1) = 8$ (seis elétrons de valência para o átomo de oxigênio mais um para cada um dos dois átomos de hidrogênio)
- $S = 12 - 8 = 4$ (quatro elétrons compartilhados na água) e $S \div 2 = 4 \div 2 = 2$ ligações

Agora você sabe que existem duas ligações (dois pares compartilhados de elétrons) na água.

4. **Distribua os elétrons de seu pote para justificar as ligações.**

Você usa quatro elétrons dos oito no pote, ficando com quatro elétrons para distribuir mais tarde. Deve haver pelo menos uma ligação do seu átomo central até os átomos à sua volta.

5. **Distribua o resto dos elétrons (normalmente em pares) para que cada átomo consiga seu octeto total de elétrons.**

Lembre-se de que o hidrogênio precisa apenas de dois elétrons para preencher seu nível de energia de valência. Nesse caso, cada átomo de hidrogênio tem dois elétrons, mas o átomo de oxigênio tem apenas quatro, portanto, coloque os quatro elétrons restantes em torno do oxigênio. Isso esvazia seu pote. A Figura 6-5 mostra a fórmula completa de elétrons e pontos para a água.

FIGURA 6-5: Fórmula de elétrons e pontos para H_2O.

Observe que essa fórmula estrutural mostra dois tipos de elétrons: *elétrons de ligação*, os que são compartilhados entre dois átomos, e os *elétrons de não ligação*, os que não são compartilhados. Os quatro últimos elétrons (dois pares de elétrons) colocados em torno do oxigênio não são compartilhados, portanto, são de não ligação.

80 Química Essencial Para Leigos

DICA

Se quiser a fórmula de Lewis, tudo que precisa fazer é substituir cada par de ligação de elétrons por um traço na fórmula de elétrons e pontos. A Figura 6-6 mostra a fórmula de Lewis para a água.

FIGURA 6-6:
Fórmula de Lewis para H_2O.

Ligações duplas: Escrevendo fórmulas estruturais para C_2H_4O

Desenhar a fórmula estrutural de uma molécula que contém uma ligação dupla ou tripla pode ser um pouco complicado (veja a seção anterior "Lidando com múltiplas ligações"). Nesses casos, suas equações podem informar que você tem mais ligações covalentes do que pensava.

Por exemplo, veja uma fórmula estrutural um pouco mais complicada — C_2H_4O. O composto tem a seguinte estrutura:

pote de elétrons

Observe que ela não tem um, mas dois átomos centrais, os dois átomos de carbono. Podemos colocar dezoito elétrons de valência no pote: quatro para cada átomo de carbono, um para cada átomo de hidrogênio e seis para o átomo de oxigênio.

Agora aplique a equação $N - A = S$:

» $N = 2(8) + 4(2) + 8 = 32$ (dois átomos de carbono com oito elétrons de valência cada, mais quatro átomos de hidrogênio com dois elétrons de valência cada, mais um átomo de oxigênio com oito elétrons de valência)

» $A = 2(4) + 4(1) + 6 = 18$ (quatro elétrons para cada um dos dois átomos de carbono, mais um elétron para cada um dos quatro

CAPÍTULO 6 **Ligação Covalente** 81

átomos de hidrogênio, mais seis elétrons para o átomo de oxigênio)

» $S=32-18=14$, e $S=14\div2=7$ ligações covalentes

Coloque as ligações simples entre os átomos de carbono e hidrogênio, entre os dois átomos de carbono e entre os átomos de carbono e oxigênio. São seis das sete ligações.

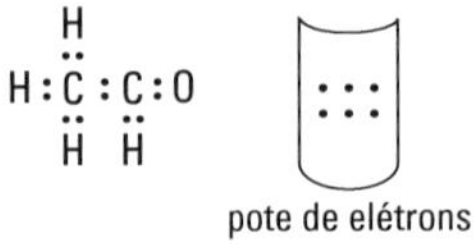

```
      H
      ··
  H : C : C : O       ( ··· )
      ··  ··
      H   H
                      pote de elétrons
```

Existe apenas um lugar onde pode ficar a sétima ligação, que é entre os átomos de carbono e oxigênio. Ela não pode ficar entre os átomos de carbono e hidrogênio, porque seria um excesso no nível de energia de valência do hidrogênio. E não pode ficar entre os dois átomos de carbono, porque daria ao carbono à esquerda dez elétrons, em vez de oito. Portanto, deve haver uma ligação dupla entre os átomos de carbono e oxigênio. Os quatro elétrons restantes no pote devem ser distribuídos em torno do átomo de oxigênio, pois todos os outros átomos formaram seu octeto. A Figura 6-7 mostra a fórmula de elétrons e pontos.

FIGURA 6-7: Fórmula de elétrons e pontos para C_2H_4O.

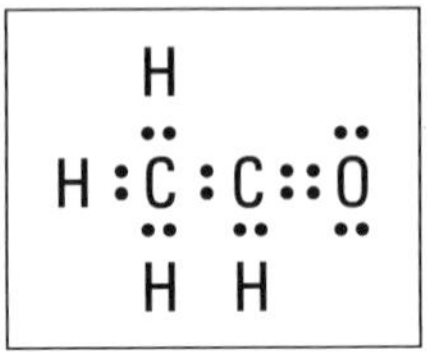

```
      H
      ··     ··     ··
  H : C  :  C  ::  O
      ··     ··     ··
      H      H
```

Se você converter os pares de ligações em traços, terá a fórmula de Lewis para C_2H_4O, como na Figura 6-8.

FIGURA 6-8: Fórmula de Lewis para C_2H_4O.

```
      H              ··
      |              
  H − C − C = O
      |     |        ··
      H     H
```

82 Química Essencial Para Leigos

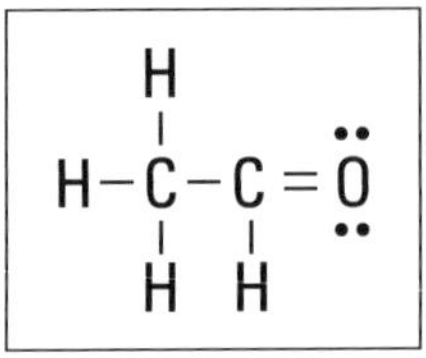

Agrupando os átomos com a fórmula estrutural condensada

Gosto da fórmula de Lewis porque ela permite mostrar muitas informações sem ter que escrever todos os pontinhos, mas também é bem grande. Às vezes, os químicos (que em geral são muito preguiçosos) usam *fórmula estrutural condensada* para mostrar padrões de ligações. Eles podem condensar a fórmula de Lewis omitindo os elétrons de não ligação (pontos) e agrupando os átomos e/ou omitindo certos traços (ligações covalentes). Por exemplo, normalmente as fórmulas condensadas agrupam todos os hidrogênios ligados em certo átomo de carbono.

A Figura 6-9 mostra algumas fórmulas condensadas para C_2H_4O.

FIGURA 6-9: Fórmulas estruturais condensadas para C_2H_4O.

$CH_3 - CH = O$

CH_3CHO

Eletronegatividades: Quais Átomos Têm Mais Atração?

Os átomos podem compartilhar elétrons por meio de ligações covalentes, mas isso não significa que os compartilham igualmente. Quando dois átomos envolvidos em uma ligação não são iguais, os dois núcleos carregados positivamente têm forças de atração diferentes; eles "atraem" o par de elétrons em graus diferentes. O resultado é que o par é deslocado para um átomo. Mas a pergunta é: "Para qual átomo?" As eletronegatividades têm a resposta.

LEMBRE-SE

Eletronegatividade é a força que um átomo tem para atrair um par de ligação de elétrons para si. Quanto maior esse valor, maior a força do átomo para atrair.

A Figura 6-10 mostra os valores de eletronegatividade dos vários elementos abaixo de cada símbolo do elemento na tabela periódica. Observe que, com poucas exceções, as eletronegatividades aumentam da esquerda para a direita em um período e diminuem de cima para baixo em uma família.

FIGURA 6-10: Eletronegatividades dos elementos.

																	Decrescente →	
1 H 2,1																		
3 Li 1,0	4 Be 1,5											5 B 2,0	6 C 2,5	7 N 3,0	8 O 3,5	9 F 4,0		
11 Na 0,9	12 Mg 1,2											13 Al 1,5	14 Si 1,8	15 P 2,1	16 S 2,5	17 Cl 3,0		
19 K 0,8	20 Ca 1,0	21 Sc 1,3	22 Ti 1,5	23 V 1,6	24 Cr 1,6	25 Mn 1,5	26 Fe 1,8	27 Co 1,9	28 Ni 1,9	29 Cu 1,9	30 Zn 1,6	31 Ga 1,6	32 Ge 1,8	33 As 2,0	34 Se 2,4	35 Br 2,8		
37 Rb 0,8	38 Sr 1,0	39 Y 1,2	40 Zr 1,4	41 Nb 1,6	42 Mo 1,8	43 Tc 1,9	44 Ru 2,2	45 Rh 2,2	46 Pd 2,2	47 Ag 1,9	48 Cd 1,7	49 In 1,7	50 Sn 1,8	51 Sb 1,9	52 Te 2,1	53 I 2,5		
55 Cs 0,7	56 Ba 0,9	57 La 1,1	72 Hf 1,3	73 Ta 1,5	74 W 1,7	75 Re 1,9	76 Os 2,2	77 Ir 2,2	78 Pt 2,2	79 Au 2,4	80 Hg 1,9	81 Tl 1,8	82 Pb 1,9	83 Bi 1,9	84 Po 2,0	85 At 2,2		
87 Fr 0,7	88 Ra 0,9	89 Ac 1,1																

Crescente →

Eletronegatividades dos Elementos

84 Química Essencial Para Leigos

Prevendo o tipo de ligação

As eletronegatividades são úteis porque dão informações sobre o que acontecerá com o par de ligações de elétrons quando dois átomos se ligam.

Uma ligação na qual o par de elétrons é igualmente compartilhado é chamada de l*igação covalente não polar*. Temos essa ligação sempre que dois átomos envolvidos são iguais ou a diferença nas eletronegatividades dos átomos envolvidos é muito pequena. Por exemplo, considere a molécula Cl_2. A tabela na Figura 6-10 mostra que o cloro tem um valor de eletronegatividade 3,0. Cada átomo de cloro atrai os elétrons de ligação com uma força de 3,0. Como existe uma atração igual, o par de elétrons de ligação é compartilhado igualmente entre os dois átomos de cloro e está no meio deles.

LEMBRE-SE

Uma ligação na qual o par de elétrons é deslocado para um átomo é chamada de l*igação covalente polar*. O átomo que atrai com mais força o par de elétrons de ligação é um pouco mais negativo, e o outro, um pouco mais positivo. Quanto maior a diferença nas eletronegatividades, mais negativos e positivos ficam os átomos. Considere o cloreto de hidrogênio (HCl). O hidrogênio tem uma eletronegatividade 2,1, e no cloro, ela é de 3,0. Como o valor da eletronegatividade é maior no cloro, o par de elétrons que liga o HCl se desloca para o átomo de cloro.

Se dois átomos têm eletronegatividades muitíssimo diferentes, provavelmente formarão ligações iônicas não covalentes. Por exemplo, o cloreto de sódio (NaCl) é ligado ionicamente. Um elétron foi transferido do sódio para o cloro. O sódio tem uma eletronegatividade 1,0 e a do cloro é de 3,0. É uma diferença de eletronegatividade de 2,0(3,0 – 1,0), tornando a ligação entre os dois átomos muito, muito polar.

DICA

A diferença de eletronegatividade fornece outro modo de prever o tipo de ligação que será formada entre dois elementos. Veja algumas diretrizes sobre uma ligação ser polar ou não polar, covalente ou iônica:

Diferença de Eletronegatividade	Tipo da Ligação Formada
0,0 a 0,2	Covalente não polar
0,3 a 1,4	Covalente polar
>1,5	Iônica

CAPÍTULO 6 **Ligação Covalente**

A presença de uma ligação covalente polar em uma molécula pode ter alguns efeitos bem radicais nas propriedades de uma molécula, como veremos na próxima seção.

Ligação covalente polar: Criando cargas parciais

LEMBRE-SE

Se dois átomos envolvidos na ligação covalente não são iguais, o par de ligações de elétrons é atraído para um átomo, com ele adquirindo uma leve carga negativa (parcial) e o outro adquirindo uma carga positiva parcial. Na maioria dos casos, a molécula tem uma extremidade positiva e outra negativa, chamada de $dipolo$ (pense em um ímã). A Figura 6-11 mostra alguns exemplos de moléculas com dipolos formados (o símbolo δ nas cargas é a letra grega delta minúscula e se refere a uma carga $parcial$).

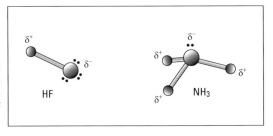

FIGURA 6-11: Ligação covalente polar no HF e no NH₃.

No fluoreto de hidrogênio (HF), o par de elétrons de ligação é muito mais atraído para o átomo de flúor do que para o átomo de hidrogênio, portanto, a extremidade do flúor fica com uma carga negativa parcial, e a extremidade do hidrogênio fica com uma carga positiva parcial. O mesmo acontece com a amônia (NH₃): o nitrogênio tem uma maior eletronegatividade que o hidrogênio, portanto, os pares de ligações de elétrons são mais atraídos para ele do que para os átomos de hidrogênio. O átomo de nitrogênio adquire uma carga negativa parcial e cada átomo de hidrogênio tem uma carga positiva parcial.

LEMBRE-SE

A presença de uma ligação covalente polar explica por que algumas substâncias agem de certo modo em uma reação química: como uma molécula polar tem uma extremidade positiva e outra negativa, ela pode atrair a parte da outra molécula que tem a carga oposta (veja a próxima seção para entender os detalhes).

E mais, uma molécula covalente polar pode agir como um eletrólito fraco, porque uma ligação covalente polar permite que a substância aja como um condutor. Portanto, se um químico deseja que um material aja como um bom *isolante* (um dispositivo usado para separar os condutores), ele deve procurar um material com uma ligação covalente polar o mais fraca possível.

Atraindo outras moléculas: Forças intermoleculares

Uma molécula polar é um *dipolo*, com uma extremidade tendo uma carga negativa parcial e a outra com uma carga positiva parcial, portanto, age como um ímã. Essas extremidades carregadas podem atrair outras moléculas. Por exemplo, o átomo de oxigênio com carga negativa parcial de uma molécula de água pode atrair o átomo de hidrogênio com carga positiva parcial de outra molécula de água. A atração entre as moléculas ocorre com frequência e é um tipo de *força intermolecular* (força entre moléculas diferentes).

LEMBRE-SE

Há três tipos diferentes de forças intermoleculares:

- » **Força de London (força de dispersão):** Esse tipo muito fraco de atração geralmente ocorre entre moléculas covalentes não polares, como nitrogênio (N_2), hidrogênio (H_2) ou metano (CH_4). Resulta de um vai e vem dos orbitais de elétrons, gerando uma separação de carga muito fraca e rápida em torno da ligação.

- » **Interação dipolo-dipolo:** Essa força intermolecular ocorre quando a extremidade positiva de uma molécula dipolo é atraída para a extremidade negativa de outra. É muito mais forte que uma força de London, mas ainda é bem fraca.

- » **Ligação de hidrogênio:** O terceiro tipo de interação é apenas uma interação dipolo-dipolo extremamente forte que ocorre quando um átomo de hidrogênio é ligado a um dos três elementos muito eletronegativos: O, N ou F. Esses três têm uma atração muito forte para o par de ligações de elétrons, portanto, os átomos envolvidos na ligação adquirem uma grande quantidade de carga parcial. Essa ligação acaba sendo altamente polar, e quanto mais alta a polaridade, mais eficiente a ligação.

Quando O, N ou F em uma molécula atrai o hidrogênio de outra molécula, a interação dipolo-dipolo é muito forte (apenas cerca de 5% da força de uma ligação covalente comum, mas ainda muito forte para uma força intermolecular) e é chamada de *ligação de hidrogênio*. Essa ligação é o tipo de interação presente na água.

> **NESTE CAPÍTULO**
>
> » Diferenciando reagentes e produtos
> » Entendendo como ocorrem as reações
> » Vendo os tipos de reações
> » Entendendo como balancear as reações
> » Entendendo o equilíbrio químico
> » Verificando as velocidades da reação

Capítulo 7
Reações Químicas

Em uma reação química, as substâncias (elementos e/ou compostos) se transformam em outras substâncias (compostos e/ou elementos). Não é possível transformar um elemento em outro em uma reação química, isso acontece nas reações nucleares, como descrito no Capítulo 4.

Muitas dicas mostram que ocorreu uma reação química: algo novo é visivelmente produzido, um gás é criado, calor é emitido ou recebido etc.

Neste capítulo, analiso as reações químicas, como elas ocorrem e como escrever uma equação química balanceada. Também mostro o equilíbrio químico e explico por que os químicos geralmente não conseguem obter a mesma quantidade de produto imaginada de uma reação. Por fim, explico a velocidade da reação.

Reagentes e Produtos: Lendo Equações Químicas

Uma nova substância é criada com reações químicas. As substâncias químicas alteradas são chamadas de *reagentes* e as novas substâncias formadas são chamadas de *produtos*.

As *equações químicas* mostram reagentes e produtos, assim como outros fatores, como as mudanças de energia, catalisadores etc. Nessas equações usamos uma seta para indicar que uma reação química ocorreu. Abaixo ou acima da seta, às vezes as pessoas indicam que um catalisador específico é usado, condições ácidas ou calor é aplicado etc. Em termos gerais, uma reação química tem este formato:

Reagentes → Produtos

Por exemplo, veja a reação que ocorre quando você acende o fogão a gás natural para fritar ovos. O metano (gás natural) reage com o oxigênio na atmosfera e produz dióxido de carbono e vapor de água (se o queimador não estiver devidamente ajustado para ter uma bela chama azul, você também poderá sentir uma boa quantidade de monóxido de carbono saindo com o dióxido). A equação química que representa essa reação fica assim:

$$CH_4(g) + 2O_2(g) \rightarrow CO_2(g) + 2H_2O(g)$$

Leitura da equação: uma molécula de gás metano, $CH_4(g)$, reage com duas moléculas de gás oxigênio, $O_2(g)$, formando uma molécula de gás dióxido de carbono, $CO_2(g)$, e duas moléculas de vapor de água, $H_2O(g)$. O 2 na frente do gás oxigênio e na frente do vapor de água é chamado de *coeficiente* da reação. Ele indica o número de cada espécie química que reage ou é formada. Mostro como entender o valor dos coeficientes na seção "Balanceando as Equações Químicas", posteriormente no capítulo.

Metano e oxigênio são os reagentes, dióxido de carbono e água são os produtos. Todos os reagentes e produtos são gases (indicados pelo *g* entre parênteses).

Nessa reação, todos os reagentes e produtos são invisíveis, mas podemos sentir outro produto da reação: o calor. O calor gerado é a dica de que está ocorrendo uma reação.

Teoria da Colisão: Como Ocorrem as Reações

Para ocorrer uma reação química, os reagentes devem colidir. Essa colisão transfere *energia cinética* (energia do movimento) de uma substância para outra. A colisão entre as moléculas fornece a energia necessária para quebrar as ligações indispensáveis para que novas possam se formar. Nesta seção, explico dois critérios para quebrar as ligações: os reagentes precisam colidir no lugar certo e com bastante energia para quebrar as ligações.

Atingindo o lugar certo

As moléculas devem colidir na orientação certa, ou bater no lugar correto, para ocorrer a reação. Esse lugar é chamado de *sítio reativo*. Por exemplo, suponha que você tenha uma equação mostrando a molécula A-B reagindo com C para formar C-A e B assim:

A-B + C → C-A + B

Do modo como a equação está escrita, a reação requer que o reagente C colida com A-B na extremidade A da molécula (sabemos isso porque o lado do produto mostra C ligado a A, ou seja, C-A). Se atingisse a extremidade B, nada aconteceria. A extremidade A dessa molécula hipotética é o sítio reativo. Se C colidir na extremidade A da molécula, então haverá chances de que a energia suficiente possa ser transferida para quebrar a ligação A-B. Após a ligação A-B ser quebrada, a ligação C-A pode se formar. Podemos mostrar a equação desse processo de reação assim (mostro a quebra da ligação A-B e a formação da ligação C-A como ligações "onduladas"):

C ~ A ~ B → C-A + B

Portanto, para essa reação ocorrer, deve haver uma colisão entre C e A-B no sítio reativo.

Note que esse exemplo é simples. Presumi que é necessária apenas uma colisão, portanto, é uma reação de uma etapa. Muitas reações têm uma etapa, mas várias outras requerem diversas para passar de reagentes para produtos finais. No processo, diversos componentes podem ser formados reagindo entre si para resultar em produtos finais. Esses componentes são chamados de *intermediários*. Eles são mostrados no *mecanismo* da reação, a série de etapas pelas quais a reação passa indo de reagentes para produtos. Mas neste capítulo, simplifico e limito minha explicação às reações com uma etapa.

Adicionando, liberando e absorvendo energia

LEMBRE-SE

É preciso energia para quebrar uma ligação entre os átomos. Por exemplo, veja a equação A-B+C → C-A+B. A colisão entre C e A-B tem de transferir bastante energia para quebrar a ligação A-B, permitindo a formação de C-A.

Às vezes, mesmo que haja uma colisão, não há energia cinética suficiente disponível para ser transferida; as moléculas não se movem rápido o bastante. Podemos ajudar um pouco aquecendo a mistura dos reagentes. A *temperatura* é uma medida da energia cinética média das moléculas; aumentá-la eleva a energia cinética disponível para quebrar as ligações durante as colisões.

A energia que precisamos fornecer para fazer uma reação ocorrer é chamada de *energia de ativação* (E_a) da reação. Note que mesmo que seja adicionada energia, a energia dos produtos nem sempre é maior que a dos reagentes; pode ser liberado calor durante a reação. Esta seção descreve dois tipos de reações, exotérmica e endotérmica, nas quais o calor é liberado ou absorvido.

Reações exotérmicas: Liberando calor

Em uma *reação exotérmica*, o calor é emitido (liberado) quando passamos de reagentes para produtos. A reação entre o oxigênio e o metano quando acendemos o fogão a gás (na seção anterior "Reagentes e Produtos: Lendo Equações Químicas") é um bom exemplo de reação exotérmica.

Mesmo que a reação emita calor, temos de colocar um pouco de energia (energia de ativação) para obter a reação. Temos de acender o metano que sai dos queimadores com fósforo, acendedor, chama-piloto ou acendimento automático elétrico.

Imagine que a reação hipotética A-B+C → C-A+B seja exotérmica. Os reagentes iniciam em um estado de energia mais alto do que os produtos, e a energia é liberada, indo dos reagentes para os produtos. A Figura 7-1 mostra um diagrama de energia dessa reação.

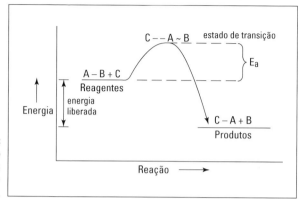

FIGURA 7-1: Reação exotérmica de A-B+C → C-A+B.

Nela, E_a é a energia de ativação da reação. Mostro a colisão de C e A-B com a quebra da ligação A-B e a formação da ligação C-A no ponto alto da energia de ativação. Esse grupo de reagentes no topo às vezes é chamado de *estado de transição* da reação. Esse estado mostra quais ligações estão sendo quebradas e quais são feitas. Como visto na Figura 7-1, a diferença no nível de energia dos reagentes e o nível de energia dos produtos é a quantidade de energia (calor) liberada na reação.

Reações endotérmicas: Absorvendo calor

Algumas reações absorvem energia, em vez de liberá-la, e são chamadas de *endotérmicas*. Cozinhar envolve muitas reações endotérmicas; por exemplo, fritar ovos. Não podemos simplesmente quebrar a casca e deixar o ovo na panela, esperando que várias reações químicas ocorram sem aquecê-la (exceto quando estamos no Rio de Janeiro no verão; nessa época do ano, o sol aquecerá bem a panela).

Suponha que a reação hipotética A-B+C → C-A+B seja endotérmica, portanto, os reagentes estão em um estado de energia menor do que os produtos. A Figura 7-2 mostra um diagrama de energia dessa reação.

CAPÍTULO 7 **Reações Químicas** 93

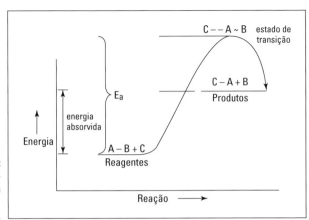

FIGURA 7-2:
Reação endotérmica
A-B + C →
C-A + B

Tipos de Reações

Vários tipos de reações químicas podem ocorrer com base na identidade dos reagentes e dos produtos e/ou quais ligações são quebradas e feitas. As mais comuns são combinação, decomposição, deslocamento simples, deslocamento duplo, combustão e reações de redução/oxidação (redox). Todas são descritas aqui.

Reações de síntese: Reunindo

Nas *reações de síntese*, dois ou mais reagentes formam um produto. A reação do sódio e do cloro formam o cloreto de sódio,

$$2\,Na(s) + Cl_2(g) \rightarrow 2\,NaCl(s)$$

e a queima do carvão (carbono) produz o dióxido de carbono,

$$C(s) + O_2(g) \rightarrow CO_2(g)$$

que são exemplos de reações de síntese.

Reações de decomposição: Quebrando

Nas *reações de decomposição*, um único componente se divide em duas ou mais substâncias simples (elementos e/ou compostos). Elas são o oposto das reações de síntese. A decomposição da água nos gases hidrogênio e oxigênio,

$$2H_2O(l) \rightarrow 2H_2(g) + O_2(g)$$

e a decomposição do peróxido de hidrogênio para formar o gás oxigênio e água,

$$2H_2O_2(l) \rightarrow 2H_2O(l) + O_2(g)$$

são exemplos de reações de decomposição.

Reações de simples troca: Tirando outro elemento

Nas *reações de simples troca*, um elemento mais ativo desloca (tira) outro menos ativo de um composto. Por exemplo, se colocamos um pedaço de zinco em uma solução de sulfato de cobre (II), o zinco desloca o cobre, como a próxima equação mostra (no caso de estar imaginando, o Capítulo 5 explica por que o sulfato de cobre (II) tem esse nome):

$$Zn(s) + CuSO_4(aq) \rightarrow ZnSO_4(aq) + Cu(s)$$

A notação *(aq)* indica que o componente é dissolvido em água, em uma solução *aquosa*.

Como o zinco substitui o cobre nesse caso, é dito como sendo mais ativo. Se colocarmos um pedaço de cobre em uma solução de sulfato de zinco, nada acontecerá.

Usando a série de atividades

A Tabela 7-1 mostra a série de atividades de alguns metais comuns. Observe que, como o zinco é mais ativo na tabela, ele substituirá o cobre, como mostra a equação anterior.

TABELA 7-1 Série de Atividades dos Metais Comuns

Atividade	Metal
Mais ativo	Metais alcalinos e alcalinos terrosos
	Al (alumínio)
	Zn (zinco)
	Cr (cromo)
	Fe (ferro)

(continua)

(continuação)

Atividade	Metal
	Ni (níquel)
	Se (selênio)
	Pb (chumbo)
	Cu (cobre)
	Ag (prata)
Menos ativo	Au (ouro)

Escrevendo equações iônicas e iônicas líquidas

Veja a reação entre o metal zinco e uma solução de sulfato de cobre (II). Ela foi escrita como uma equação molecular, mostrando todas as espécies na forma neutra.

$$Zn(s) + CuSO_4(aq) \rightarrow ZnSO_4(aq) + Cu(s)$$

Porém, essas reações normalmente ocorrem em uma solução aquosa (água). Quando dissolvemos o $CuSO_4$ ionicamente ligado em água, ele se decompõe em *íons* (átomos ou grupos de átomos com uma carga elétrica devido à perda ou ao ganho de elétrons). O íon cobre tem uma carga 2+ porque perdeu dois elétrons. É um *cátion*, ou seja, um íon com carga positiva. O íon sulfato tem uma carga 2– porque tem dois elétrons extras. É um *ânion* ou um íon com carga negativa (veja o Capítulo 5 para ter uma análise mais completa da ligação iônica).

Veja uma equação que mostra os íons separadamente. As equações nessa forma são chamadas de *iônicas*, porque mostram a reação e a produção de íons. Observe que o íon sulfato, SO_4^{2-}, não muda na reação:

$$Zn(s) + Cu^{2+} + SO_4^{2-} \rightarrow Zn^{2+} + SO_4^{2-} + Cu(s)$$

LEMBRE-SE

Os íons que não mudam durante a reação e se encontram nos dois lados da equação em uma forma idêntica são chamados de *íons espectadores*. Os químicos costumam omitir os íons espectadores e escrever a equação mostrando apenas as substâncias químicas que são alteradas durante a reação. Isso é chamado de *equação iônica líquida*.

$$Zn(s) + Cu^{2+} \rightarrow Zn^{2+} + Cu(s)$$

Reações de dupla troca: Trocando de lugar

Nas reações de simples troca (veja a seção anterior), apenas uma espécie química é deslocada. Nas reações de dupla troca, duas espécies (normalmente íons) são deslocadas. Na maioria das vezes, essas reações ocorrem em uma solução, e será formado um sólido insolúvel (nas reações de precipitação) ou água (nas reações de neutralização).

Reações de precipitação: Formando sólidos

A formação de um sólido insolúvel em uma solução é chamada de *precipitação*. Por exemplo, se misturamos uma solução de cloreto de potássio e uma de nitrato de prata, é formado um sólido branco insolúvel na solução resultante. Veja as equações molecular, iônica e iônica líquida para essa reação de dupla troca:

Molecular: $KCl(aq) + AgNO_3(aq) \rightarrow AgCl(s) + KNO_3(aq)$
Iônica: $K^+ + Cl^- + Ag^+ + NO_3^- \rightarrow AgCl(s) + K^+ + NO_3^-$
Iônica líquida: $Cl^- + Ag^+ \rightarrow AgCl(s)$

O sólido branco insolúvel formado (AgCl) é o cloreto de prata. Podemos retirar os íons espectadores cátion potássio e o ânion nitrato, uma vez que eles não mudam durante a reação e se encontram nos dois lados da equação de forma idêntica (veja a seção anterior "Escrevendo equações iônicas e iônicas líquidas" para obter detalhes sobre os íons espectadores).

Para escrever tais equações, precisamos saber algo sobre a solubilidade dos compostos iônicos:

> » Se um composto é solúvel, ele não reagirá, e podemos representá-lo pelos íons apropriados ou usar (aq).

> » Se é insolúvel, ele precipitará (formará um sólido).

A Tabela 7-2 mostra as solubilidades dos compostos iônicos selecionados (veja o Capítulo 5 para ter informações sobre os nomes dos compostos iônicos).

TABELA 7-2 Solubilidades dos Compostos Iônicos Selecionados

Solúvel em Água	Insolúvel em Água
Todos os cloretos, brometos, iodetos...	Exceto Ag^+, Pb^{2+}, Hg_2^{2+}
Todos os compostos de NH_4^+	Óxidos
Todos os compostos dos metais alcalinos	Sulfetos
Todos os acetatos	Maioria dos fosfatos
Todos os nitratos	Maioria dos hidróxidos
Todos os cloratos	
Todos os sulfatos...	Exceto $PbSO_4$, $BaSO_4$ e $SrSO_4$

Para usar a Tabela 7-2, pegue o cátion de um reagente e combine-o com o ânion de outro reagente (e vice-versa), mantendo a neutralidade dos componentes. Isso permite prever os possíveis produtos da reação. Então, procure as solubilidades deles na tabela. Se o composto for insolúvel, ele precipitará. Se for solúvel, permanecerá na solução.

Reações de neutralização: Formando água

Além da precipitação (veja a seção anterior), o outro tipo de reação de dupla troca é a reação entre um ácido e uma base. Ela é chamada de *reação de neutralização* e forma a água.

Veja a mistura das soluções do ácido sulfúrico (ácido da bateria de automóveis, H_2SO_4) e o hidróxido de sódio (soda cáustica, NaOH).

Veja as equações molecular, iônica e iônica líquida dessa reação:

Molecular: $H_2SO_4(aq) + 2\,NaOH(aq) \rightarrow Na_2SO_4(aq) + 2\,H_2O(l)$
Iônica: $2\,H^+ + SO_4^{2-} + 2\,Na^+ + 2\,OH^- \rightarrow 2\,Na^+ + SO_4^{2-} + 2\,H_2O(l)$
Iônica líquida: $2\,H^+ + 2\,OH^- \rightarrow 2\,H_2O(l)$ ou $H^+ + OH^- \rightarrow H_2O(l)$

Para ir da equação iônica para a iônica líquida, retire os íons espectadores (os que não reagem e aparecem de forma inalterada nos dois a lados da seta). Então reduza os coeficientes na frente dos reagentes e produtos ao menor denominador comum.

Reações de combustão: Queimando

As *reações de combustão* ocorrem quando um composto, em geral um com carbono, combina-se com o gás oxigênio no ar. Esse processo é normalmente chamado de *queima*. O calor é o produto mais útil da maioria das reações de combustão.

Veja a equação que representa a queima do propano:

$$C_3H_8(g) + 5\,O_2(g) \to 3\,CO_2(g) + 4\,H_2O(l)$$

As reações de combustão também são um tipo de reação redox.

Reações redox: Trocando elétrons

Reações redox, ou *reações de redução/oxidação*, são aquelas em que os elétrons são trocados. As três reações a seguir são exemplos de outros tipos (como reações de síntese, combustão e deslocamento simples), mas também são redox; todas envolvem a transferência de elétrons de uma espécie química para outra:

$$2\,Na(s) + Cl_2(g) \to 2\,NaCl(s)$$
$$C(s) + O_2(g) \to CO_2(g)$$
$$Zn(s) + CuSO_4(aq) \to ZnSO_4(aq) + Cu(s)$$

As reações redox estão envolvidas na combustão, na ferrugem, na fotossíntese, na respiração, no movimento dos elétrons em baterias e em outros. Explico com mais detalhes as reações redox no Capítulo 8.

Balanceando as Equações Químicas

Se realizarmos uma reação química e somarmos com cuidado as massas de todos os reagentes, comparando a soma com a soma das massas de todos os produtos, veremos que são iguais. Na verdade, uma lei da química, a *lei de conservação das massas*, afirma: "Em uma reação química comum, a matéria não é criada nem destruída." Isso significa que não ganhamos nem perdemos nenhum átomo durante a reação. Eles podem ser combinados de modo diferentes, mas ainda existem.

Uma equação química representa a reação e ela precisa obedecer à lei de conservação das massas. Usamos essa equação química para calcular quanto de cada elemento precisamos e quanto de cada um será produzido. Precisamos ter o mesmo número de cada tipo de elemento nos dois lados da equação; ela deve estar balanceada.

Antes de começarmos a balancear uma equação, é preciso conhecer os reagentes e os produtos dela. Não podemos mudar os compostos nem os subscritos, porque isso mudaria os compostos. Portanto, a única coisa que podemos fazer para balancear a equação é colocar *coeficientes*, números inteiros, na frente dos compostos ou dos elementos.

Os coeficientes informam quantos átomos ou moléculas temos. Por exemplo, se escrevemos $2\,H_2O$, isso significa que temos duas moléculas de água:

$$2\,H_2O = H_2O + H_2O$$

Cada molécula é composta de dois átomos de hidrogênio e um átomo de oxigênio. Portanto, em $2\,H_2O$, temos um total de quatro átomos de hidrogênio e dois átomos de oxigênio.

Nesta seção, mostro como balancear as equações usando um método chamado *balanceamento por tentativa e erro* (ou, como o chamo, "mexendo nos coeficientes"). Pegamos um átomo de cada vez e o balanceamos inserindo os devidos coeficientes em um lado ou do outro. Podemos balancear as reações mais simples assim, mas uma classe de reações é tão complexa, que o método não funciona bem: as reações redox. Mostro um método especial para balancear essas equações no Capítulo 8.

Balanceando o processo de Haber

Minha reação favorita é o *processo de Haber*, um método para preparar a amônia (NH_3) reagindo os gases nitrogênio e hidrogênio:

$$N_2(g) + H_2(g) \rightarrow NH_3(g)$$

Essa equação mostra o que acontece na reação, mas não quanto de cada elemento precisamos para produzir a amônia. Para descobrir, temos de *balancear* a equação, ou seja, verificar se o número de átomos à esquerda é igual ao número de átomos à direita. Não podemos mudar os subscritos, portanto, temos de colocar alguns coeficientes.

DICA

Na maioria dos casos, esperar até o fim para balancear os átomos de hidrogênio e oxigênio é uma boa ideia; balanceie os outros átomos primeiro.

No exemplo, é preciso balancear primeiro os átomos de nitrogênio. Temos dois átomos de nitrogênio à esquerda da seta (lado do reagente) e apenas um à direita (lado do produto). Para balanceá-los, use um coeficiente 2 na frente da amônia à direita. Agora temos dois átomos de nitrogênio à esquerda e à direita:

$$N_2(g) + H_2(g) \rightarrow \mathbf{2}\ NH_3(g)$$

Em seguida, lide com os átomos de hidrogênio. Temos dois deles à esquerda e seis à direita (duas moléculas de NH_3, cada uma com três átomos de hidrogênio, totalizando seis átomos de hidrogênio). Então, coloque 3 na frente de H_2 à esquerda:

$$N_2(g) + \mathbf{3}\ H_2(g) \rightarrow 2\ NH_3(g)$$

Isso deve resolver. Verifique para ter certeza: temos dois átomos de nitrogênio à esquerda e à direita. Temos seis átomos de hidrogênio à esquerda $(3 \times 2 = 6)$ e seis à direita $(2 \times 3 = 6)$. A equação está balanceada. Leitura da equação: uma molécula de nitrogênio reage com três de hidrogênio, produzindo duas moléculas de amônia.

Uma dica: essa equação também balancearia com os coeficientes 2, 6 e 4, em vez de 1, 3 e 2. De fato, qualquer múltiplo de 1, 3 e 2 balancearia a equação, mas os químicos sempre concordam em mostrar a menor proporção de números inteiros (veja a explicação das fórmulas empíricas no Capítulo 6 para saber dos detalhes).

Balanceando a queima do butano

Veja uma equação que mostra a queima do butano, um hidrocarbono, com excesso de oxigênio disponível (é a reação que ocorre quando acendemos um isqueiro de butano). A reação não balanceada fica assim:

$$C_4H_{10}(g) + O_2(g) \rightarrow CO_2(g) + H_2O(g)$$

Como esperar até o fim para balancear os átomos de hidrogênio e oxigênio é sempre uma boa ideia, balanceie primeiro os átomos de carbono. Temos quatro átomos de carbono à esquerda e um à direita, então adicione um coeficiente 4 na frente do dióxido de carbono:

$C_4H_{10}(g) + O_2(g) \rightarrow \mathbf{4}\,CO_2(g) + H_2O(g)$

Em seguida, balanceie os átomos de hidrogênio. Temos dez átomos de hidrogênio à esquerda e dois à direita, portanto, use um coeficiente 5 na frente da água, à direita:

$C_4H_{10}(g) + O_2(g) \rightarrow 4\,CO_2(g) + \mathbf{5}\,H_2O(g)$

Agora balanceie os átomos de oxigênio. Temos 2 átomos de oxigênio à esquerda e um total de 13 à direita [(4× 2) + (5×1) = 13]. O que multiplicamos por 2 para chegamos a 13? Que tal 6,5?

$C_4H_{10}(g) + \mathbf{6{,}5}\,O_2(g) \rightarrow 4\,CO_2(g) + 5\,H_2O(g)$

Mas não terminamos. Queremos a menor proporção de *números inteiros* dos coeficientes. Multiplique a equação inteira por 2 para gerar números inteiros:

$[C_4H_{10}(g) + 6{,}5\,O_2(g) \rightarrow 4\,CO_2(g) + 5\,H_2O(g)] \times 2$

Multiplique cada coeficiente por 2 (não toque nos subscritos!) para obter:

$2\,C_4H_{10}(g) + 13\,O_2(g) \rightarrow 8\,CO_2(g) + 10\,H_2O(g)$

Se verificarmos a contagem de átomos nos dois lados da equação, veremos que ela está balanceada e os coeficientes estão na menor proporção de números inteiros.

DICA

Após balancear uma equação, veja se o mesmo número de cada átomo está nos dois lados e se os coeficientes estão na menor proporção de números inteiros.

Entendendo o Equilíbrio Químico para Frente e para Trás

Um *equilíbrio químico dinâmico* é estabelecido quando duas reações químicas exatamente opostas ocorrem no mesmo lugar, na mesma hora, com as mesmas taxas (velocidade) de reação. Chamo esse exemplo de equilíbrio químico *dinâmico*, porque, quando as reações atingem o equilíbrio, as coisas simplesmente não param; os reagentes ainda reagem formando produtos, que então reagem formando os reagentes originais.

Nesta seção, explico como as reações atingem o equilíbrio. Também apresento a constante de equilíbrio, que ajuda a descobrir quanto produto e reagente temos quando a reação está em equilíbrio.

Combinando taxas de mudança no processo de Haber

Minha reação favorita é o processo de Haber, a síntese da amônia a partir dos gases nitrogênio e hidrogênio. Após balancear a reação (veja a seção "Balanceando o processo de Haber", anteriormente neste capítulo), temos:

$$N_2(g) + 3\ H_2(g) \rightarrow 2\ NH_3(g)$$

Escrita assim, a reação mostra que o hidrogênio e o nitrogênio reagem para formar a amônia, e isso continua acontecendo até esgotarmos um ou ambos os reagentes. Mas não é bem assim.

Se essa reação ocorre em um recipiente fechado (que é necessário, pois são gases), então o nitrogênio e o hidrogênio reagem, e forma-se a amônia, mas parte da amônia logo começa a se decompor em nitrogênio e hidrogênio, assim:

$$2\ NH_3(g) \rightarrow N_2(g) + 3\ H_2(g)$$

Então, no recipiente, de fato temos exatamente *duas* reações opostas ocorrendo, ou seja, o nitrogênio e o hidrogênio se combinam, produzindo a amônia, e a amônia se decompõe, produzindo nitrogênio e hidrogênio.

Em vez de mostrar duas reações separadas, podemos mostrar uma e usar uma seta dupla:

$$N_2(g) + 3\ H_2(g) \leftrightarrow 2\ NH_3(g) + calor$$

Colocamos o nitrogênio e o hidrogênio à esquerda porque foram colocados inicialmente no recipiente da reação. Ela é exotérmica (emite calor), portanto, mostro o calor, como produto da reação à direita.

Agora essas duas reações ocorrem em velocidades diferentes, porém, mais cedo ou mais tarde, as duas velocidades ficarão iguais, e as quantidades relativas de nitrogênio, hidrogênio e amônia ficarão constantes. Esse é um exemplo de equilíbrio químico. Em certo momento no processo de Haber, temos nitrogênio e hidrogênio reagindo para formar a amônia e a amônia se decompondo para formar nitrogênio e hidrogênio. Quando o sistema atinge o equilíbrio, as quantidades de todas as espécies químicas ficam *constantes*, mas não necessariamente iguais.

Constantes: Comparando quantidades de produtos e reagentes

Às vezes, há muito produto (espécie química à direita da seta dupla) quando a reação atinge o equilíbrio, e em outras, há muito pouco. Podemos dizer as quantidades relativas de reagentes e produtos em equilíbrio se soubermos a constante de equilíbrio da reação. Veja uma reação de equilíbrio hipotética:

$$aA + bB \leftrightarrow cC + dD$$

As letras maiúsculas significam as espécies químicas, e as minúsculas representam os coeficientes na equação química balanceada. A *constante de equilíbrio* (representada como K_{eq}) é matematicamente definida como:

$$K_{eq} = \frac{[C]^c[D]^d}{[A]^a[B]^b}$$

O numerador contém o produto das duas espécies químicas à direita da equação, com cada espécie elevada à potência de seu coeficiente na equação química balanceada. O denominador é igual, mas usamos as espécies químicas à esquerda (não é importante agora, mas os colchetes significam *concentração molar*. Você entenderá o que é isso no Capítulo 10). Observe que às vezes os químicos usam a notação K_c, em vez da forma K_{eq}.

DICA

O valor numérico da constante de equilíbrio dá uma dica sobre as quantidades relativas de produtos e reagentes. Quanto maior o valor dessa constante (K_{eq}), mais produtos estão presentes no equilíbrio. Se, por exemplo, temos uma reação com um equilíbrio constante 0,001 em temperatura ambiente e 0,1 a 100°C, podemos dizer que teremos muito mais produto em uma temperatura mais elevada.

Agora sei que K_{eq} para o *processo de Haber* (síntese da amônia) é $3,5 \times 10^8$ em temperatura ambiente. Esse valor grande indica que, em equilíbrio, há muita amônia produzida a partir do nitrogênio e do hidrogênio, mas ainda resta hidrogênio e nitrogênio em equilíbrio.

Princípio de Le Chatelier: Obtendo Mais (ou Menos) Produto

Digamos que você seja um químico industrial e deseja que o máximo de reações possível seja convertido em produto. Gostaria que a reação fosse completa (significando que deseja que os reagentes continuem criando produto até se esgotarem), mas isso não acontece em uma reação de equilíbrio. Mas seria ótimo se pudesse, de algum modo, manipular o sistema para conseguir um pouco mais de produto. E há como, por meio do Princípio de Le Chatelier.

Um químico francês, Henri Le Chatelier, descobriu que se aplicarmos uma mudança de condição (chamada de e*tre**e) em um sistema químico em equilíbrio, a reação retornará ao equilíbrio, deslocando-se de modo a anular a mudança (o estresse). Isso é chamado de *Princípio de Le Chatelier*.

Podemos estressar um sistema em equilíbrio de três modos:

» Mudamos a concentração de um reagente ou um produto.

» Mudamos a temperatura.

» Mudamos a pressão em um sistema que contém gases.

Nesta seção, vemos como isso se aplica ao processo de Haber:

$N_2(g) + 3\ H_2(g) \leftrightarrow 2\ NH_3(g) + calor$

Mudando a concentração

LEMBRE-SE

Em geral, se adicionarmos mais reagente ou produto a um sistema em equilíbrio, a reação se deslocará para o outro lado, esgotando-a. Se removermos um reagente ou um produto, a reação se deslocará para esse lado, substituindo-o.

Suponha que você tenha um sistema de amônia em equilíbrio e então coloca mais gás nitrogênio. Para restabelecer o equilíbrio, a

CAPÍTULO 7 Reações Químicas 105

reação se desloca da esquerda para a direita, esgotando o nitrogênio e o hidrogênio, formando mais amônia e calor.

O equilíbrio foi restabelecido. Há menos hidrogênio e mais nitrogênio, amônia e calor do que antes de o nitrogênio extra ter sido adicionado. O mesmo aconteceria se você tivesse um modo de remover a amônia quando ela foi formada. O lado direito da gangorra novamente ficaria mais leve e o peso seria deslocado para a direita, restabelecendo o equilíbrio. De novo, mais amônia seria formada.

Mudando a temperatura

LEMBRE-SE

Normalmente, aquecer uma reação faz com que ela se desloque para o lado endotérmico (absorção de calor). (Se temos uma reação exotérmica na qual é produzido calor no lado direito, então o lado esquerdo é o endotérmico.) Resfriar uma mistura de reação faz com que o equilíbrio se desloque para o lado exotérmico (liberação de calor).

Suponha que uma mistura de nitrogênio e hidrogênio seja aquecida. Você sabe que a reação é exotérmica, ou seja, calor é liberado, aparecendo no lado direito da equação. Portanto, se aquecer a mistura da reação, a reação se desloca para a esquerda, esgotando o calor extra e restabelecendo o equilíbrio. Esse deslocamento esgota a amônia e produz mais nitrogênio e hidrogênio. E conforme a reação se desloca, a quantidade de calor também diminui, baixando a temperatura da mistura da reação.

Mudando a pressão

LEMBRE-SE

Mudar a pressão afeta o equilíbrio apenas se existem reagentes e/ou produtos que são gases. Em geral, aumentar a pressão em uma mistura em equilíbrio faz com que a reação se desloque para o lado que contém menos moléculas de gás.

No processo de Haber, todas as espécies são gases, portanto, vemos um efeito de pressão. Pense no recipiente lacrado no qual ocorre sua reação de amônia (a reação precisa ocorrer em um recipiente lacrado porque tudo é gás). No interior existem os gases nitrogênio, hidrogênio e amônia. Há pressão no recipiente lacrado devido às moléculas de gases atingindo suas paredes internas.

106   Química Essencial Para Leigos

Agora suponha que o sistema esteja em equilíbrio e você queira aumentar a pressão. Podemos fazer isso tornando o recipiente menor (com um tipo de êmbolo) ou colocando um gás não reativo, como o neônio. Obtemos mais colisões nas paredes internas do recipiente, portanto, temos mais pressão. Aumentar a pressão estressa o equilíbrio; para remover o estresse e restabelecer o equilíbrio, a pressão deve ser reduzida.

Veja de novo a reação de Haber e procure dicas sobre como isso pode acontecer.

$$N_2(g) + 3\,H_2(g) \leftrightarrow 2\,NH_3(g)$$

Sempre que a reação para a frente (esquerda para direita) ocorre, quatro moléculas de gás (um nitrogênio e três hidrogênios) formam duas moléculas de gás amônia. Essa reação reduz o número de moléculas de gás no recipiente. A reação inversa (direita para a esquerda) requer duas moléculas de gás amônia e forma quatro moléculas de gás (nitrogênio e hidrogênio). Essa reação aumenta o número de moléculas de gás no recipiente.

O equilíbrio foi estressado aumentando-se a pressão; reduzir a pressão aliviará o estresse. Reduzir o número de moléculas de gás no recipiente diminuirá a pressão (menos colisões nas paredes internas), portanto, a reação para a frente (esquerda para direita) é preferida, porque quatro moléculas de gás são consumidas e apenas duas são formadas. Como resultado da reação para a frente, mais amônia é produzida!

Cinética Química: Mudando as Velocidades da Reação

Cinética é o estudo da velocidade de uma reação. Algumas reações são rápidas, outras são lentas. Às vezes os químicos querem acelerar as lentas e diminuir a velocidade das rápidas. Por exemplo, se você é um químico e deseja produzir amônia a partir de certa quantidade de hidrogênio e nitrogênio, deseja produzi-la o mais rápido possível.

Vários fatores afetam a velocidade de uma reação:

- » **Complexidade dos reagentes:** Em geral, a taxa de reação é mais lenta quando os reagentes são moléculas grandes e complexas. Para ocorrer uma reação, os reagentes precisam colidir no *sítio reativo* da molécula. Quanto maiores e mais complexas as moléculas do reagente, menos chance de colisão no sítio reativo. Às vezes, em moléculas muito complexas, outras partes da molécula bloqueiam totalmente o sítio reativo, assim não há nenhuma reação. Pode haver muitas colisões, mas apenas as que ocorrem no sítio reativo têm chances de levar a uma reação química.

- » **Tamanho da partícula dos reagentes:** A reação depende das colisões. Quanto mais área de superfície na qual podem ocorrer colisões, mais rápida é a reação. Por exemplo, podemos segurar um fósforo queimando em um grande pedaço de carvão e nada acontecerá. Mas se pegarmos esse pedaço, o triturarmos muito, jogarmos no ar e riscarmos um fósforo, teremos uma explosão por causa da área de superfície aumentada do carvão.

- » **Concentração dos reagentes:** Aumentar o número de colisões acelera a taxa de reação. Quanto mais moléculas do reagente colidirem, mais rápida será a reação. Por exemplo, uma tala de madeira queima bem no ar (20% de oxigênio), mas queima *muito* mais rápido no oxigênio puro.

    Nos casos mais simples, aumentar a concentração dos reagentes aumenta a velocidade da reação. Mas se a reação é complexa e tem um *mecanismo* complexo (uma série de etapas na reação), esse pode não ser o caso.

DICA

Determinar o efeito de concentração na taxa de reação pode dar dicas quanto a qual reagente está envolvido na etapa do mecanismo que determina a velocidade de reação (então podemos usar essa informação para ajudar a descobrir o mecanismo da reação). Podemos fazer isso realizando a reação em várias concentrações diferentes e observando o efeito na taxa de reação. Se, por exemplo, mudar a concentração de um reagente não tem efeito sobre a taxa de reação, então sabemos que o reagente não está envolvido na etapa mais lenta (etapa de determinação da taxa) no mecanismo.

» **Pressão dos reagentes gasosos:** A pressão dos reagentes gasosos tem basicamente o mesmo efeito da concentração. Quanto maior a pressão do reagente, mais rápida a taxa de reação. Isso é devido (adivinhou!) ao maior número de colisões. Mas se houver um mecanismo complexo envolvido, mudar a pressão poderá não ter o resultado esperado.

» **Temperatura:** Em sua maioria, elevar a temperatura faz a taxa de reação aumentar. Na química orgânica, uma regra geral diz que elevar a temperatura em $10°C$ fará a taxa de reação dobrar.

Mas por quê? Parte da resposta é um maior número de colisões, pois elevar a temperatura faz as moléculas se moverem mais rápido. Mas essa é apenas uma parte da história. Elevar a temperatura também aumenta a energia cinética média das moléculas. Essa elevação não aumenta só as colisões, como também as colisões efetivas, ou seja, que transferem energia suficiente para que uma reação ocorra.

» **Catalisadores:** *Catalisadores* são substâncias que aumentam a taxa de reação sem mudar no final da reação. Eles aumentam a taxa de reação reduzindo a *energia de ativação* da reação (a energia necessária para iniciar a reação). Veja de novo a Figura 7-1, por exemplo. Se o topo da energia de ativação fosse mais baixo, a reação ocorreria com mais facilidade, e a taxa seria mais rápida. Explico os catalisadores na próxima seção.

Vendo Como os Catalisadores Aceleram as Reações

Os catalisadores aceleram as reações diminuindo a energia de ativação de uma reação, e eles fazem isso de dois modos:

» Fornecendo uma superfície e uma orientação, tornando mais provável que um reagente atinja a parte certa de outro reagente para quebrar/fazer uma ligação.

» Fornecendo um *mecanismo* alternativo (uma série de etapas pelas quais passa a reação) que tem uma energia de ativação menor.

Catalisador heterogêneo: Dando um melhor destino aos reagentes

Um catalisador heterogêneo liga uma molécula a uma superfície, colocando-a em uma orientação para ser mais provável que outro reagente atinja o sítio reativo. Suponha, por exemplo, que você tenha a seguinte reação geral (que apresentei anteriormente em "Teoria da Colisão: Como Ocorrem as Reações"):

$$C\sim A\sim B \rightarrow C-A + B$$

O reagente C deve atingir o sítio reativo na extremidade A da molécula A-B para quebrar a ligação A-B e formar a ligação C-A mostrada na equação. A probabilidade de a colisão ocorrer na devida orientação é muito casual. Os reagentes se movem, colidindo entre si, e mais cedo ou mais tarde pode ocorrer uma colisão no sítio reativo. Mas o que aconteceria se pudéssemos ligar a molécula A-B à extremidade A exposta? Seria muito mais fácil e mais provável que C atingisse A nesse cenário.

O catalisador que faz essa ligação é chamado de *heterogêneo*, porque está em uma fase diferente dos reagentes. Em geral, ele é um metal sólido finamente dividido ou um óxido de metal e os reagentes são gases ou estão na solução. Esse catalisador heterogêneo tende a atrair uma parte de uma molécula do reagente devido a interações bem complexas que não são totalmente entendidas. Após a reação ocorrer, as forças que ligam a parte B da molécula à superfície do catalisador não existem mais. Portanto, B pode se afastar e o catalisador fica pronto para agir de novo.

A maioria das pessoas senta-se muito perto de um catalisador heterogêneo todo dia — o conversor catalítico de um automóvel. Ele contém o metal platina e/ou paládio minuciosamente dividido e acelera a reação, fazendo com que os gases nocivos da gasolina (como o monóxido de carbono e os hidrocarbonetos não queimados) se decomponham em produtos em grande parte não prejudiciais (como água e dióxido de carbono).

Catalisador homogêneo: Oferecendo um caminho mais fácil

O segundo tipo de catalisador é o *homogêneo*, ou seja, um que está na mesma fase dos reagentes. Ele fornece um mecanismo alternativo, ou caminho de reação, que tem uma menor energia de ativação que a reação original.

Por exemplo, veja a reação de decomposição do peróxido de hidrogênio:

$$2\ H_2O_2(l) \to 2\ H_2O(l) + O_2(g)$$

É uma reação lenta, sobretudo se mantivermos o peróxido de hidrogênio frio em uma garrafa escura. O peróxido nessa garrafa no armário de remédios pode levar anos para se decompor. Mas se colocarmos um pouquinho de solução contendo íon férrico na garrafa, a reação será muito mais rápida, mesmo que seja um mecanismo com duas etapas, em vez de uma:

Etapa 1: $2\ Fe^{3+} + H_2O_2(l) \to 2\ Fe^{2+} + O_2(g) + 2\ H^+$
Etapa 2: $2\ Fe^{2+} + H_2O_2(l) + 2\ H^+ \to 2\ Fe^{3+} + 2\ H_2O(l)$

Se somarmos as duas reações anteriores e cancelarmos as espécies idênticas nos dois lados, teremos a reação não catalisada original (as espécies canceladas estão em negrito):

2 Fe³⁺ + $H_2O_2(l)$ + **2 Fe²⁺** + → **2 Fe²⁺** + $O_2(g)$ + **2 H⁺** +
$H_2O_2(l)$ + **2 H⁺**   **2 Fe³⁺** + $2\ H_2O(l)$
$$2\ H_2O_2(l) \to 2\ H_2O(l) + O_2(g)$$

O catalisador do íon férrico foi alterado na primeira etapa, depois retornado na segunda. Esse caminho catalisado com duas etapas tem uma energia de ativação menor e é mais rápido.

NESTE CAPÍTULO

- » Descobrindo as reações redox
- » Balanceando as equações redox
- » Entendendo as células eletroquímicas

Capítulo 8
Eletroquímica: Usando Elétrons

A combustão é uma reação redox, assim como a respiração, a fotossíntese e muitos outros processos bioquímicos dos quais as pessoas e demais seres vivos dependem para viver. Neste capítulo, explico as reações redox, mostro o balanceamento desse tipo de equação, e depois mostro algumas aplicações dessas reações em uma área da química chamada eletroquímica. É nessa área que usamos reações químicas para produzir elétrons (eletricidade) ou usamos elétrons (eletricidade) para fazer com que uma reação química desejada aconteça.

Transferindo Elétrons com Reações Redox

As *reações redox*, ou seja, reações nas quais há uma transferência simultânea de elétrons de uma espécie química (entidade química, como um átomo ou uma molécula) para outra, são realmente compostas de duas reações diferentes:

- **Oxidação:** Perda de elétrons
- **Redução:** Ganho de elétrons

Essas reações são associadas, pois os elétrons perdidos na reação de oxidação são os mesmos ganhos na reação de redução. De fato, essas duas reações (redução e oxidação) são comumente chamadas de *sem¹-reações*, porque são necessárias duas metades para formar uma reação inteira, e a reação geral é chamada de *redox* (redução/oxidação). No Capítulo 7, descrevo uma reação redox que ocorre entre o metal zinco e o íon cúprico (cobre II, Cu^{2+}). O metal zinco perde elétrons e o íon de cobre II os ganha.

Oxidação

Podemos usar três definições para a oxidação:

- Perda de elétrons
- Ganho de oxigênio
- Perda de hidrogênio

Como normalmente lido com células eletroquímicas, em geral uso a definição que descreve a perda de elétrons. As outras são úteis em processos como combustão e fotossíntese.

Perda de elétrons

Um modo de definir a oxidação é como sendo a reação na qual uma substância química perde elétrons ao passar de reagente para produto. Por exemplo, quando o metal sódio reage com o gás cloro para formar o cloreto de sódio (NaCl), o metal sódio perde um elétron, que o cloro ganha. A seguinte equação mostra o sódio perdendo o elétron:

$$Na(s) \rightarrow Na^+ + e^-$$

Quando perde o elétron, os químicos dizem que o metal sódio foi oxidado para o cátion sódio (*cát¹on* é um íon com uma carga positiva devido à perda de elétrons; veja o Capítulo 5).

As reações desse tipo são bem comuns nas *reações eletroquím¹cas*, reações que produzem ou usam eletricidade.

Ganho de oxigênio

Em certas reações de oxidação, é óbvio que um oxigênio foi ganho passando de reagente para produto. As reações em que o ganho de oxigênio é mais óbvio que o ganho de elétrons incluem as reações de combustão (*queima*) e a oxidação (*ferrugem*) do ferro. Veja dois exemplos:

$$C(s) + O_2(g) \rightarrow CO_2(g) \quad \text{(queima do carvão)}$$
$$2\,Fe(s) + 3\,O_2(g) \rightarrow 2\,Fe_2O_3(s) \quad \text{(oxidação do ferro)}$$

Nesses casos, os químicos dizem que o carbono e o metal ferro foram oxidados em dióxido de carbono e ferrugem, respectivamente.

Perda de hidrogênio

Em outras reações, podemos ver melhor a oxidação como a perda de hidrogênio. O álcool metílico (metanol) pode ser oxidado em formaldeído:

$$CH_3OH(l) \rightarrow CH_2O(l) + H_2(g)$$

Ao passar de metanol para formaldeído, o composto deixa de ter quatro átomos de hidrogênio e passa a ter dois.

Redução

Podemos usar três definições para descrever a redução:

- » Ganho de elétrons
- » Perda de oxigênio
- » Ganho de hidrogênio

Ganho de elétrons

Muitas vezes os químicos veem a redução como o ganho de elétrons. No processo de galvanizar a prata em um bule de chá, por exemplo, o cátion prata é reduzido no metal prata com o ganho de um elétron. A seguinte equação mostra o ganho do cátion prata:

$$Ag^+ + e^- \rightarrow Ag$$

Quando ganha o elétron, os químicos dizem que o cátion prata foi reduzido ao metal prata.

Perda de oxigênio

Em algumas reações, enxergar a redução como a perda de oxigênio ao passar de reagente para produto é fácil. Por exemplo, uma reação com monóxido de carbono em um alto-forno reduz o minério de ferro (basicamente ferrugem, Fe_2O_3) ao metal ferro:

$$Fe_2O_3(s) + 3\ CO(g) \rightarrow 2\ Fe(s) + 3\ CO_2(g)$$

O ferro perdeu oxigênio, portanto, os químicos dizem que o íon ferro foi reduzido ao metal ferro.

Ganho de hidrogênio

Em certos casos, podemos descrever uma redução como o ganho de átomos de hidrogênio ao passar de reagente para produto. Por exemplo, o monóxido de carbono e o gás hidrogênio podem ser reduzidos ao álcool metílico:

$$CO(g) + 2\ H_2(g) \rightarrow CH_3OH(l)$$

Nesse processo de redução, o CO ganhou átomos de hidrogênio.

A perda de um é o ganho do outro

Nem oxidação nem a redução podem ocorrer sozinhas. Quando elétrons são perdidos, algo tem de ganhá-los. Considere, por exemplo, a *equação iônica líquida* (que mostra apenas as substâncias químicas alteradas durante uma reação; veja o Capítulo 7) para uma reação com o metal zinco e uma solução de sulfato de cobre (II) aquosa:

$$Zn(s) + Cu^{2+} \rightarrow Zn^{2+} + Cu$$

Essa reação geral é composta de duas semi-reações:

$Zn(s) \rightarrow Zn^{2+} + 2e^-$ (semi-reação de oxidação — perda de elétrons)

$Cu^{2+} + 2e^- \rightarrow Cu(s)$ (semi-reação de redução — ganho de elétrons)

DICA

Para conseguir lembrar qual reação é oxidação e qual é redução em termos de elétrons, grave a frase "OPE, depois ReGE" (Oxidação Perde Elétrons; Redução Ganha Elétrons).

O zinco perde dois elétrons; o cátion cobre (II) ganha os mesmos dois elétrons. O Zn é oxidado. Mas sem a presença do Cu^{2+}, nada acontecerá. O cátion cobre é o *agente oxidante*, necessário para o processo de oxidação ocorrer. Esse agente aceita os elétrons da espécie química sendo oxidada.

O Cu^{2+} é reduzido conforme ganha elétrons. A espécie que fornece o elétron é o *agente redutor*. Nesse caso, tal agente é o metal zinco.

LEMBRE-SE

O agente oxidante é a espécie sendo reduzida, e o agente redutor é a espécie sendo oxidada. Os dois agentes estão no lado esquerdo (reagente) da equação redox.

Números de oxidação

Os números de oxidação são números de registro. Eles permitem que os químicos façam coisas como balancear as equações redox. Os números de oxidação são positivos ou negativos, mas não os confunda com as cargas nos íons ou valências. Os cientistas atribuem os números de oxidação aos elementos usando estas regras:

» **Para elementos livres:** O número de oxidação de um elemento em seu estado livre (não combinado) é zero (por exemplo, Al(s) ou Zn(s)). Também é assim para os elementos encontrados na natureza, como os *diatômicos* (dois átomos) ($H_2, O_2, N_2, F_2, Cl_2, Br_2$, ou I_2) e o enxofre, encontrado como S_8.

» **Para íons com um átomo:** O número de oxidação de um íon *monatômico* (um átomo) é igual à carga no íon (por exemplo, $Na^+ = +1$, $S^{2-} = -2$).

» **Para compostos:** A soma de todos os números de oxidação em um composto neutro é zero. A soma de todos esses números em um íon *poliatômico* (muitos átomos) é igual à carga no íon. Essa regra normalmente permite que os químicos calculem o número de oxidação de um átomo que pode ter vários estados de oxidação, caso outros átomos no íon tenham números conhecidos (veja o Capítulo 6 para ter exemplos de átomos com vários estados de oxidação).

- **Para metais alcalinos e metais alcalinos terrosos nos compostos:** O número de oxidação de um metal alcalino (família IA) em um composto é +1; o número de um metal alcalino terroso (família IIA) em um composto é +2.

- **Para o oxigênio nos compostos:** O número de oxidação em um composto em geral é −2. Mas se o oxigênio estiver em uma classe de compostos chamada *peróxidos* (por exemplo, o peróxido de hidrogênio ou H_2O_2), então terá um número de oxidação −1. Se ele estiver ligado ao flúor, o número será +1.

- **Para o hidrogênio nos compostos:** O estado de oxidação do hidrogênio em um composto normalmente é +1. Se o hidrogênio fizer parte de um *hidreto metálico binário* (composto de hidrogênio e algum metal), então o estado de oxidação do hidrogênio será −1.

- **Para halogênios:** O número de oxidação do flúor sempre é −1. Em geral, cloro, bromo e iodo têm um número de oxidação −1, a menos que estejam combinados com um oxigênio ou um flúor (por exemplo, no ClO^-, o número de oxidação do oxigênio é −2 e o do cloro é +1; lembre-se de que a soma de todos os números de oxidação no ClO^- deve ser igual a −1).

Essas regras fornecem outro meio de definir a oxidação e a redução, ou seja, em termos de números de oxidação. Por exemplo, considere esta reação, que mostra a oxidação pela perda de elétrons:

$$Zn(s) \rightarrow Zn^{2+} + 2e^-$$

Observe que o metal zinco (reagente) tem um número de oxidação zero (a primeira regra) e o cátion zinco (produto) tem um número +2 (a segunda regra). Em geral, podemos dizer que uma substância está oxidada quando há um *aumento* em seu número de oxidação.

A redução funciona igual. Considere esta reação:

$$Cu^{2+} + 2e^- \rightarrow Cu(s)$$

O cobre vai de um número de oxidação +2 para 0. Uma substância é reduzida se há uma *diminuição* em seu número de oxidação.

Balanceando as Equações Redox

Com frequência, as equações redox são tão complexas, que o método da tentativa e erro (o método de mexer nos coeficientes) para balancear as equações químicas não funciona bem (veja o Capítulo 7 para uma explicação desse método de balanceamento). Então os químicos desenvolveram outros métodos de balanceamento das equações redox, como o método *íon-elétron* (semi-reação).

Veja uma visão geral de como isso funciona: convertemos a equação redox não balanceada na equação iônica e a dividimos em duas semi-reações: oxidação e redução. Balanceamos cada metade separadamente e as combinamos para produzir a equação iônica balanceada. Por fim, colocamos os íons espectadores na equação iônica balanceada, convertendo a reação de volta na forma molecular (para ter uma análise das equações molecular, iônica e iônica líquida, veja o Capítulo 7).

Para balancear com sucesso as equações redox com o método íon-elétron, precisamos seguir as etapas com precisão e em ordem. Veja o que fazer:

1. Converta a reação redox não balanceada na forma iônica.

Suponha que você queira balancear esta equação redox:

$$Cu(s) + HNO_3(aq) \rightarrow Cu(NO_3)_2(aq) + NO(g) + H_2O(l)$$

Nessa reação, mostramos o ácido nítrico na forma iônica, porque é um ácido forte (para uma análise dos ácidos fortes, veja o Capítulo 11). O nitrato de cobre (II) é solúvel (indicado por (aq)), portanto, o mostramos em sua forma iônica (veja o Capítulo 7). Como o NO(g) e a água são compostos moleculares, permanecem na forma molecular:

$$Cu(s) + H^+ + NO_3^- \rightarrow Cu^{2+} + 2NO_3^- + NO(g) + H_2O(l)$$

2. Se necessário, atribua números de oxidação, depois escreva duas semi-reações (oxidação e redução) que mostram as espécies químicas que tiveram os números de oxidação alterados.

Em alguns casos, dizer o que foi oxidado e reduzido é fácil, em outros não. Comece verificando a reação de exemplo e atribuindo números de oxidação (veja a seção anterior "Números de oxidação" para obter detalhes):

$$Cu(s) + H^+ + NO_3^- \rightarrow Cu^{2+} + 2NO_3^- + NO(g) + H_2O(l)$$
$$\,0 +1 +5(-2)3 +2 +5(-2)3 +2-2\,(+1)2-2$$

Para escrever suas semi-reações, procure com atenção os locais onde os números de oxidação mudaram e anote essas espécies químicas. O cobre muda seu número (de 0 para 2) e o nitrogênio (de −5 para +2), portanto, suas semi-reações não balanceadas são:

$$Cu(s) \rightarrow Cu^{2+}$$
$$NO_3^- \rightarrow NO$$

3. Balanceie todos os átomos, com exceção do oxigênio e do hidrogênio.

Começando com as duas semi-reações não balanceadas anteriores, podemos balancear os átomos diferentes do oxigênio e do hidrogênio com uma *tentativa e erro*, mexendo nos coeficientes (não podemos mudar os subscritos, podemos apenas adicionar coeficientes). Nesse caso, os átomos do cobre e do nitrogênio já balancearam, com um em cada lado:

$$Cu(s) \rightarrow Cu^{2+}$$
$$NO_3^- \rightarrow NO$$

4. Balanceie os átomos de oxigênio.

O modo como balanceamos os átomos depende de estarmos lidando com soluções ácidas ou básicas:

- Nas soluções ácidas, pegue o número de átomos de oxigênio necessários e adicione o mesmo número de moléculas de água ao lado que precisa de oxigênio.

- Nas soluções básicas, adicione dois OH^- ao lado que precisa de oxigênio para cada átomo de oxigênio necessário. Depois, no outro lado da equação, adicione metade de tantas moléculas de água quanto ânions OH^- usados.

Uma solução ácida mostra um ácido ou H^+; uma solução básica tem um OH^-. A equação de exemplo está em condições ácidas (ácido nítrico, HNO_3, que é $H^+ + NO_3^-$ na forma iônica). Não precisamos fazer nada na semi-reação que envolve o cobre, porque não há nenhum átomo de oxigênio. Mas precisamos balancear os átomos de oxigênio na segunda semi-reação:

$$Cu(s) \to Cu^{2+}$$
$$NO_3^- \to NO + 2\,H_2O$$

5. **Balanceie os átomos de hidrogênio.**

   De novo, o modo como balanceamos esses átomos depende de estarmos lidando com soluções ácidas ou básicas:

   - Nas soluções ácidas, pegue o número de átomos de hidrogênio necessários e adicione o mesmo número de H^+ ao lado que precisa de hidrogênio.
   - Nas soluções básicas, adicione uma molécula de água ao lado que precisa de hidrogênio para cada átomo de hidrogênio necessário. Depois, no outro lado da equação, adicione tantos ânions OH^- quantas forem as moléculas de água usadas.

   A equação de exemplo está em condições ácidas. Precisamos balancear os átomos de hidrogênio na segunda semi-reação:

   $$Cu(s) \to Cu^{2+}$$
   $$4\,H^+ + NO_3^- \to NO + 2\,H_2O$$

6. **Balanceie a carga iônica em cada semi-reação adicionando elétrons.**

   $$Cu(s) \to Cu^{2+} + 2\,e^- \text{ (oxidação)}$$
   $$3\,e^- + 4\,H^+ + NO_3^- \to NO + 2\,H_2O \text{ (redução)}$$

   Os elétrons devem terminar nos lados opostos da equação nas duas semi-reações. Lembre-se de que estamos usando uma carga iônica, não números de oxidação.

7. **Balanceie a perda de elétron com o ganho entre as duas semi-reações.**

   Os elétrons perdidos na semi-reação de oxidação são os mesmos ganhos na semi-reação de redução, portanto, os elétrons perdidos e ganhos devem ser iguais. Mas a Etapa 6 mostra uma perda de dois elétrons e um ganho de três. Portanto, devemos ajustar os números usando os devidos multiplicadores para as duas semi-reações. Nesse caso, temos de encontrar o menor múltiplo comum de 2 e 3. Como é 6, multiplicamos a primeira semi-reação por 3 e a segunda por 2.

$$3 \times [Cu(s) \rightarrow Cu^{2+} + 2e^-] = 3\ Cu(s) \rightarrow 3\ Cu^{2+} + 6e^-$$
$$2 \times [3\ e^- + 4\ H^+ + NO_3^- \rightarrow NO + 2\ H_2O] =$$
$$6\ e^- + 8\ H^+ + 2\ NO_3^- \rightarrow 2\ NO + 4\ H_2O$$

8. **Some as duas semi-reações e cancele o que for comum aos dois lados.**

LEMBRE-SE

Os elétrons sempre devem se cancelar (o número deve ser igual nos dois lados).

$$3\ Cu + 6\ e^- + 8\ H^+ + 2NO_3^- \rightarrow 3\ Cu^{2+} + 6\ e^- + 2\ NO + 4\ H_2O$$

9. **Converta a equação de volta na forma molecular adicionando íons espectadores.**

Se for necessário acrescentar íons espectadores (íons não envolvidos na reação, mas que existem para assegurar uma neutralidade elétrica; veja o Capítulo 7) a um lado da equação para convertê-la de volta na equação molecular, adicione o mesmo número ao outro lado dela. Por exemplo, existem oito H^+ no lado esquerdo da equação. Na equação original, o H^+ estava na forma molecular HNO_3. Precisamos adicionar de volta os íons espectadores NO_3^-. Já temos dois à esquerda, então basta adicionar mais seis. Então adicionamos $6NO_3^-$ ao lado direito para manter as coisas balanceadas. São os íons espectadores de que precisamos para o cátion Cu^{2+} convertê-lo de volta na forma molecular desejada.

$$3\ Cu(s) + 8\ HNO_3(aq) \rightarrow 3\ Cu(NO_3)_2(aq) +$$
$$2\ NO(g) + 4\ H_2O(l)$$

10. **Verifique para assegurar se todos os átomos estão balanceados, todas as cargas estão balanceadas (se funcionam com uma equação iônica no começo) e todos os coeficientes estão na menor proporção de números inteiros.**

É feito assim. As reações que ocorrem nas bases são igualmente fáceis, contanto que as regras sejam seguidas.

Explorando Células Eletroquímicas

Às vezes, as reações redox envolvem uma transferência de elétrons direta, na qual uma substância obtém imediatamente os elétrons que outra perdeu. Por exemplo, se colocarmos um pedaço de metal zinco em uma solução de sulfato de cobre (II), o zinco cederá dois elétrons (fica oxidado) para o íon Cu^{2+} que os aceita (reduzindo-o ao metal cobre). Esse metal começa a galvanizar espontaneamente na superfície do zinco. A equação da reação é:

$$Zn(s) + Cu^{2+} \rightarrow Zn^{2+} + Cu$$

Mas se separarmos essas duas semi-reações para que, quando o zinco for oxidado, os elétrons liberados sejam forçados a percorrer um fio para chegar ao Cu^{2+}, obteremos algo útil: uma *célula galvânica* ou *voltaica*, uma reação redox que produz eletricidade. Nesta seção, mostro como a reação Zn/Cu^{2+} pode ser separada para que tenhamos uma transferência de elétrons indireta e possamos produzir alguma eletricidade útil. Também mostro como as *células eletrolíticas* fazem o inverso, usando a eletricidade para produzir uma reação redox. Por fim, veremos como as baterias recarregáveis geram eletricidade e causam reações químicas.

Células galvânicas: Obtendo eletricidade com reações químicas

As células (pilhas) galvânicas usam reações redox para produzir eletricidade. Elas são normalmente chamadas de baterias, mas às vezes esse nome é um pouco incorreto, porque uma *bateria* é composta de duas ou mais células conectadas. Colocamos uma bateria no carro, mas colocamos uma pilha na lanterna.

Uma célula de Daniell é um tipo de pilha galvânica que usa a reação Zn/Cu^{2+} para produzir eletricidade. Nessa célula, um pedaço de metal zinco é colocado em uma solução de sulfato de zinco em um recipiente e um pedaço de metal cobre é colocado em uma solução de sulfato de cobre (II) em outro recipiente. Essas lâminas de metal são chamadas de *eletrodos* da célula e agem como um terminal, ou local de espera, para os elétrons.

Um fio conecta os eletrodos, mas nada acontece até colocarmos uma *ponte salina* entre os dois recipientes. Essa ponte, normalmente um tubo oco em forma de U preenchido com solução salina concentrada, fornece um meio de os íons se moverem de um recipiente para o outro, mantendo as soluções eletricamente neutras.

É como correr apenas um fio até a luz de teto; a luz não funcionará a menos que coloquemos um segundo fio para completar o circuito.

Com a ponte salina instalada, os elétrons começam a fluir por meio da mesma reação redox básica, como a mostrada no início desta seção. O zinco é oxidado, liberando elétrons que passam pelo fio até o eletrodo de cobre, onde ficam disponíveis para os íons Cu^{2+} usarem ao formar o metal cobre. Os íons cobre da solução de sulfato de cobre (II) são galvanizados no eletrodo de cobre, enquanto o eletrodo de zinco é consumido. Os cátions na ponte salina migram para o recipiente com o eletrodo de cobre para substituir os íons cobre consumidos, ao passo que os ânions na ponte salina migram para o lado do zinco, onde mantêm eletricamente neutra a solução que contém os cátions Zn^{2+} recém-formados.

O eletrodo de zinco é chamado de *ânodo*, no qual ocorre a oxidação, e é identificado com um sinal –. O eletrodo de cobre é chamado de *cátodo*, no qual ocorre a redução, identificado com um sinal +.

Essa célula de Daniell produz um pouco mais de 1 volt. Podemos conseguir um pouquinho mais de voltagem se tivermos soluções com eletrodos muito concentrados. Mas o que poderemos fazer se quisermos, por exemplo, 2 volts? Temos algumas opções: podemos ligar duas dessas células e produzir 2 volts ou escolher dois metais diferentes que são mais distantes do zinco e do cobre no gráfico da série de atividades (veja o Capítulo 7). Quanto mais distantes os metais na série de atividades, mais voltagem a célula produzirá.

Células eletrolíticas: Obtendo reações químicas com a eletricidade

Uma *célula eletrolítica* usa a eletricidade para produzir uma reação redox desejada. Por exemplo, a água pode ser decomposta usando-se a eletricidade em uma célula eletrolítica. A reação geral da célula é:

$$2\ H_2O(l) \rightarrow 2\ H_2(g) + O_2(g)$$

De modo parecido, podemos produzir o metal sódio e o gás cloro pela eletrólise do cloreto de sódio fundido.

Produzir mudanças químicas passando uma corrente elétrica por uma célula eletrolítica é chamado de *eletrólise*. Essa reação pode ser a recarga de uma bateria (como veremos na próxima seção) ou ter muitas outras aplicações. Por exemplo, já imaginou como o alumínio na lata de alumínio é extraído? A bauxita é basicamente óxido de alumínio (Al_2O_3). As pessoas produzem o metal alumínio reduzindo o óxido de alumínio em uma célula eletrolítica com alta temperatura usando aproximadamente 250 mil amperes. É muita eletricidade. Pegar latas de alumínio usadas, fundi-las e remodelá-las em novas latas é bem mais barato do que extrair o metal do minério. É por isso que o setor de alumínio apoia muito a reciclagem dessa matéria-prima. É um bom negócio.

As células eletrolíticas também são usadas em um processo chamado *galvanização*. Nela, um metal mais caro é galvanizado (depositado em uma fina camada) na superfície de um metal mais barato por meio da eletrólise. Antes dos para-choques de plástico ficarem populares, o metal cromo era galvanizado nos para-choques de aço. As correntes de "ouro" baratinhas que vemos por aí são feitas de algum metal barato com uma superfície de ouro galvanizada.

Dois modos com baterias recarregáveis

As reações redox podem ser invertidas para gerar de novo os reagentes originais, permitindo que as pessoas produzam baterias recarregáveis. As pilhas de níquel-cádmio (Ni-Cd) e de lítio ficam nessa categoria, porém o tipo mais comum provavelmente é a bateria de automóvel.

A bateria comum de automóvel, ou *bateria chumbo-ácida*, consiste em seis células conectadas em série. O ânodo de cada célula (onde ocorre a oxidação) é o chumbo, e o cátodo (onde ocorre a redução) é o dióxido de chumbo (PbO_2). Os eletrodos são mergulhados em uma solução de ácido sulfúrico (H_2SO_4). Quando damos partida no carro, ocorrem as seguintes reações da célula:

» **Ânodo:** $Pb(s) + H_2SO_4(aq) \rightarrow PbSO_4(s) + 2\ H^+ + 2\ e^-$

» **Cátodo:** $2\ e^- + 2\ H^+ + PbO_2(s) + H_2SO_4(aq) \rightarrow PbSO_4(s) + 2\ H_2O(l)$

» **Reação geral:** $Pb(s) + PbO_2(s) + 2\ H_2SO_4(aq) \rightarrow 2\ PbSO_4 + 2\ H_2O(l)$

Quando isso acontece, os dois eletrodos ficam cobertos com sulfato de chumbo sólido (II) e o ácido sulfúrico é consumido.

Após ligar o automóvel, o alternador ou gerador assume o trabalho de produzir eletricidade (para as velas de ignição, luzes etc.) e também recarrega a bateria. Durante a carga, a bateria do automóvel age como uma célula eletrolítica. O alternador inverte o fluxo de elétrons na bateria e as reações redox originais, e gera de novo o chumbo e o dióxido de chumbo:

$$2\,PbSO_4(s) + 2\,H_2O(l) \rightarrow Pb(s) + PbO_2(s) + 2\,H_2SO_4(aq)$$

A bateria chumbo-ácida pode ser descarregada e carregada muitas vezes, mas choques ao passar por desníveis na pista ou no meio-fio desestabilizam um pouco o sulfato de chumbo (II) e podem fazer a bateria falhar.

NESTE CAPÍTULO

» **Descobrindo como contar por peso**
» **Entendendo o conceito de mol**
» **Usando mol nos cálculos químicos**

Capítulo 9
Medindo Substâncias com o Mol

Os químicos criam novas substâncias em um processo chamado *síntese*. E uma pergunta lógica feita é "quanto?". De quanto reagente preciso para criar tanto produto? Quanto produto posso criar com tanto reagente?

Para responder a essas perguntas, os químicos devem pegar uma equação química balanceada, expressa em termos de átomos e moléculas, e convertê-la em gramas, quilos ou toneladas; algum tipo de unidade que possam realmente pesar no laboratório. O conceito de mol permite que eles saiam do mundo microscópico dos átomos e das moléculas e entrem no mundo real dos gramas e dos quilogramas e é um dos conceitos centrais mais importantes em química. Neste capítulo, apresento o Sr. Mol.

Contando por Peso

Contar por peso é um dos modos mais eficientes de contar muitos objetos. Suponha que você precise embalar mil porcas e mil parafusos em grandes sacos e é pago por cada saco cheio. Qual é o modo mais eficiente e rápido de contar porcas e parafusos? Pese cem, ou mesmo dez, de cada um e descubra quanto pesará mil de um e de outro. Encha o saco com porcas até ele pesar a quantidade calculada para mil porcas. Depois de ter a quantidade certa de porcas, use o mesmo processo para encher o saco com parafusos.

Em química, contamos números muito grandes de partículas, como átomos e moléculas. Para ter eficiência e rapidez, use o método de contar por peso, que significa saber quanto pesam os átomos e as moléculas individuais. Veja onde encontrar os pesos:

» **Átomos:** Obtenha os pesos dos átomos individuais na tabela periódica; basta encontrar o número da massa atômica.

» **Compostos:** Apenas some os pesos dos átomos individuais no composto para calcular o peso molecular ou o peso da fórmula. (**Nota:** *Pesos moleculares* se referem aos compostos ligados de modo covalente, e *pesos da fórmula* se referem aos compostos iônicos e covalentes.)

Veja um exemplo simples que mostra como calcular o peso molecular de um composto: a água, H_2O, é composta de dois átomos de hidrogênio e um de oxigênio. Observando a tabela periódica, descobrimos que um átomo de hidrogênio pesa 1,0079 u.m.a., e que um átomo de oxigênio pesa 15,999 u.m.a. (*u.m.a.* significa *unidades de massa atômica*; veja o Capítulo 2 para obter detalhes). Para calcular o peso molecular da água, basta somar os pesos atômicos dos dois átomos de hidrogênio e um átomo de oxigênio:

Dois átomos de hidrogênio: 2 × 1.0079 u.m.a. = 2,016 u.m.a.
Um átomo de oxigênio: 1 × 15,999 u.m.a. = 15,999 u.m.a.
Peso da molécula de água: 2,0116 u.m.a. + 15,999 u.m.a. = 18,015 u.m.a.

Agora tente um mais difícil. Calcule o peso da fórmula do sulfato de alumínio, $Al_2(SO_4)_3$. Nesse sal, temos 2 átomos de alumínio, 3 átomos de enxofre e 12 átomos de oxigênio. Depois de encontrar os pesos individuais dos átomos na tabela, podemos calcular o peso da fórmula assim:

[2 átomos de alumínio + 3 átomos de enxofre + 12 átomos de oxigênio] = peso do $Al_2(SO_4)_3$

[(2 × 26,982 u.m.a.) + (3 × 32,066 u.m.a.) + (12 × 15,999 u.m.a.)] = 342,15 u.m.a.

Mols: Bom Uso do Número de Avogadro

Quando as pessoas lidam com objetos, em geral pensam em termos de uma quantidade conveniente. Por exemplo, quando uma mulher compra brincos, normalmente compra um par. Quando um homem vai ao mercado, ele compra uma dúzia de ovos. Do mesmo modo, quando os químicos lidam com átomos e moléculas, eles precisam de uma unidade conveniente que leve em consideração o tamanho muito pequeno de átomos e moléculas. Eles usam uma unidade chamada *mol*.

Definindo o mol

LEMBRE-SE

A palavra *mol* significa um número, aproximadamente $6,022 \times 10^{23}$. É comum chamá-lo de *número de Avogadro*, em homenagem a Amedeo Avogadro, o cientista que lançou a base do princípio do mol.

Agora, um mol, $6,022 \times 10^{23}$, é um número realmente grande. Quando escrito em notação por extenso, é:

602.200.000.000.000.000.000.000

E é por isso que gosto da notação científica (se tivéssemos um mol de marshmallows, cobriríamos os Estados Unidos em uma profundidade de 965km, mais ou menos. Um mol de grãos de arroz cobriria a superfície da Terra em uma profundidade de 75m).

O número de Avogadro significa certo número de *coisas*. Normalmente, elas são átomos e moléculas. Portanto, o mol se relaciona ao mundo microscópico. Mas qual é a relação com o mundo macroscópico onde trabalhamos?

CAPÍTULO 9 **Medindo Substâncias com o Mol** 129

LEMBRE-SE

A resposta é que um *mol* é igual a:

» **Para o carbono:** Um mol é o número de átomos em exatamente 12 gramas de C-12, um isótopo particular do carbono. Portanto, se você tem 12 gramas exatos de ^{12}C, tem 6.022×10^{23} átomos de carbono, que também é um mol de ^{12}C átomos.

» **Para qualquer outro elemento:** Um mol é um peso atômico usando gramas, em vez de unidades de massa atômica.

» **Para um composto:** Para um composto, um mol é o peso da fórmula (ou molecular) em gramas, em vez de unidades de massa atômica.

Calculando peso, partículas e mols

O mol é a ponte entre os mundos microscópio e macroscópico:

$6{,}022 \times 10^{23}$ partículas ↔ 1 mol ↔ peso atômico/fórmula em gramas

Se você tiver qualquer um dos três (partículas, mols ou gramas), poderá calcular os outros dois.

Por exemplo, o peso de uma molécula de água é 18,015 u.m.a. Como um mol é o peso da fórmula (ou molecular) em gramas de um composto, agora podemos dizer que o peso de um mol de água é 18,015 gramas. Também podemos dizer que 18,015 gramas de água contêm um mol de água, e esse mol é composto de dois mols de hidrogênio e um mol de oxigênio.

Suponha que você queira saber quantas moléculas de água existem em 5,50 mols de água. É possível definir o problema assim:

5,50 mols × $6{,}022 \times 10^{23}$ moléculas/mol = $3{,}31 \times 10^{24}$ moléculas

Ou suponha que queira saber quantos mols existem em 25,0 gramas de água. Pode definir o problema assim:

$$\frac{25{,}0 \text{g} H_2O}{1} \cdot \frac{1 \text{ mol } H_2O}{18{,}015 \text{g } H_2O} = 1{,}39 \text{ mols } H_2O$$

Pode, ainda, passar de gramas para partículas analisando o mol. Por exemplo, quantas moléculas existem em 100,0 gramas de dióxido de carbono? A primeira coisa a fazer é determinar o peso molecular de CO_2. Veja a tabela periódica para descobrir que um átomo de carbono é igual a 12,011 u.m.a, e que um átomo de oxigênio pesa 15,000 u.m.a. Agora calcule o peso molecular assim:

$$[(1 \times 12{,}011\text{g/mol}) + (2 \times 15{,}999\text{g/mol})] = 44{,}01\text{g/mol para } CO_2$$

Agora podemos trabalhar no problema:

$$\frac{100{,}0\text{g } CO_2}{1} \bullet \frac{1 \text{ mol } CO_2}{44{,}01\text{g}} \bullet \frac{6{,}022 \bullet 10^{23} \text{moléculas}}{1 \text{ mol}} =$$
$$1{,}368 \bullet 10^{24} CO_2 \text{ moléculas}$$

E passar de partículas para mols e para gramas é igualmente fácil.

Encontrando as fórmulas dos compostos

Podemos usar o conceito de mol para calcular a fórmula empírica de um composto usando os dados da *composição percentual* desse composto, ou seja, a porcentagem por peso de cada elemento nele (a *fórmula empírica* indica os diferentes tipos de elementos em uma molécula e a menor proporção de números inteiros de cada tipo de átomo na molécula. Veja o Capítulo 6 para obter detalhes).

Quando tento determinar a fórmula empírica de um composto, normalmente tenho dados da porcentagem disponíveis. A determinação da composição percentual é uma das primeiras análises que um químico faz quando descobre um novo composto. Veja como encontrar uma fórmula empírica usando os mols e as porcentagens de cada elemento:

1. **Suponha que você tenha 100 gramas de um composto para que possa usar as porcentagens como pesos; então, converte o peso de cada elemento em mols.**

Por exemplo, suponha que você determine que certo composto tem a seguinte porcentagem de peso dos elementos presentes: 26,4% de Na, 36,8% de S e 36,8 % de O. Como está lidando com dados de porcentagem (por 100), suponha que tenha 100 gramas do composto para poder escrever as porcentagens como pesos. Então, converta cada massa em mols assim:

$$\frac{26{,}4\text{g Na}}{1} \cdot \frac{1 \text{ mol Na}}{22{,}9\text{g}} = 1{,}15 \text{ mol Na}$$

$$\frac{36{,}8\text{g S}}{1} \cdot \frac{1 \text{ mol S}}{32{,}07\text{g}} = 1{,}15 \text{ mol S}$$

$$\frac{36{,}8\text{g O}}{1} \cdot \frac{1 \text{ mol O}}{16{,}0\text{g}} = 2{,}30 \text{ mol O}$$

2. Escreva a fórmula empírica, mudando os subscritos para números inteiros, se necessário.

Agora pode escrever uma fórmula empírica para $Na_{1,15}S_{1,15}O_{2,30}$. Os subscritos precisam ser números inteiros, portanto, divida cada um pelo menor, 1,15, para obter $NaSO_2$ (se um subscrito for 1, ele não será mostrado).

Então, é possível calcular um peso para a fórmula empírica somando as massas atômicas na tabela periódica de um sódio (Na), um enxofre (S) e dois oxigênios (O). Isso resulta em um peso da fórmula empírica de 87,056 gramas.

Reações Químicas e Mols

Quando trabalhamos com reações químicas, os mols podem ajudar a descobrir quanto de um produto esperamos obter com base em quanto reagente temos.

Veja minha reação favorita, o processo de Haber, que é um método de preparo da amônia (NH_3) reagindo gás nitrogênio com gás hidrogênio:

$$N_2(g) + 3 H_2(g) \leftrightarrow 2 NH_3(g)$$

No Capítulo 7, uso essa reação muitas vezes para diversos exemplos (como informei, é minha reação *favorita*) e explico a leitura da reação: uma molécula de gás nitrogênio reage com três moléculas de gás hidrogênio, produzindo duas moléculas de amônia:

$N_2(g) + 3 H_2(g) \leftrightarrow 2 NH_3(g)$
1 molécula + 3 moléculas ↔ 2 moléculas

Se quisermos, podemos aumentar tudo por 12:

$N_2(g) + 3 H_2(g) \leftrightarrow 2 NH_3(g)$
12 moléculas + 3(12 moléculas) ↔ 2(12 moléculas)
1 dúzia de moléculas + 3 dúzias de moléculas ↔ 2 dúzias de moléculas

Ou que tal um valor $6,022 \times 10^{23}$? Mas espere um pouco! $6,022 \times 10^{23}$ não é um mol? Portanto, podemos escrever a equação assim:

$N_2(g) + 3 H_2(g) \leftrightarrow 2 NH_3(g)$
$6,022 \times 10^{23}$ moléculas + $3(6,022 \times 10^{23})$ moléculas ↔
$2(6,022 \times 10^{23}$ moléculas)
1 mol + 3 mols ↔ 2 mols

Tudo bem, esses coeficientes podem representar não só átomos e moléculas na equação química balanceada, como também representam o número de mols.

DICA

Se soubermos o peso da fórmula dos reagentes e do produto, poderemos calcular quanto precisamos e quanto obteremos. Tudo que temos de fazer é calcular os pesos moleculares de cada reagente e produto, então incorporar os pesos na equação. Use a tabela periódica para descobrir os pesos dos átomos e o composto (veja a seção anterior "Contando por peso" para mais detalhes) e multiplique esses números pelo número de mols, assim:

1 mol(28,014g/mol) + 3 mol(2,016g/mol) = 2 mol(17,031g/mol)
28,014g de N_2 + 6,048g de H_2 = 34,062g de NH_3

Estequiometria da reação

Quando entendemos as relações de peso em uma reação química, podemos resolver alguns problemas de estequiometria. E*tequiometria* se refere à relação de massa nas equações químicas.

DICA

Quando estiver pronto para trabalhar com problemas de estequiometria, deverá começar com uma equação química balanceada. Se não tiver uma, vá em frente e faça isso.

Veja minha reação favorita (adivinhou), o processo de Haber:

$N_2(g) + 3 H_2(g) \leftrightarrow 2 NH_3(g)$

Suponha que queira saber quantos gramas de amônia podem ser produzidos com a reação de 75,00 gramas de nitrogênio com um excesso de hidrogênio. O conceito de mol é o segredo. Os coeficientes na equação balanceada não são apenas o número de átomos ou moléculas individuais, mas também o número de mols:

$N_2(g) + 3 H_2(g) \leftrightarrow 2 NH_3(g)$
1 mol + 3 mols ↔ 2 mols
1 mol(28,014g/mol) + 3 mols(2,016g/mol) = 2 mols(17,031g/mol)

Primeiro, converta 75,00 gramas de nitrogênio em mols de nitrogênio. Então, use a proporção de mols de amônia para mols de nitrogênio a partir da equação balanceada para converter em mols de amônia. Por fim, pegue os mols de amônia e converta esse número em gramas. A equação fica assim:

$$\frac{75,00g\ N_2}{1} \cdot \frac{1\ mol\ N_2}{28,014g\ N_2} \cdot \frac{2\ mols\ NH_3}{1\ mol\ N_2} \cdot \frac{17,031g\ NH_3}{1\ mol\ NH_3} = 91,19g\ NH_3$$

LEMBRE-SE

Uma *proporção estequiométrica*, como o mol $NH_3/mol N_2$, permite converter de mols de uma substância em mols de outra na equação química balanceada.

LEMBRE-SE

Porcentagem do rendimento

Em quase todas as reações, produziremos menos produto que o esperado. Podemos produzir menos porque a maioria das reações está em equilíbrio (veja o Capítulo 8), por causa da técnica rudimentar ou de reagentes impuros, ou porque ocorreram outras condições. Os químicos podem ter uma ideia da eficiência de uma reação calculando a *porcentagem do rendimento* da reação usando esta equação:

$$\%\ rendimento = \frac{rendim.\ real}{rendim.\ teórico} \cdot 100\%$$

O *rendimento real* é quanto produto obtemos ao realizarmos a reação. O *rendimento teórico* é quanto produto calculado que teremos. A proporção desses dois rendimentos dá uma ideia sobre a eficiência da reação.

Para a reação de oxidação do ferro (veja a seção anterior), o rendimento teórico é 699,5 gramas de ferro; suponha que o rendimento real seja de 525,0 gramas. Assim, a porcentagem do rendimento é

$$\%\ rendimento = \frac{525,0g}{699,5g} \cdot 100\% = 75,05\%$$

Um rendimento em torno de 75% não é muito ruim, mas os químicos e os engenheiros os químicos preferem ver mais que 90%. Uma unidade industrial que usa a reação de Haber tem uma porcentagem de rendimento acima de 99%. Isso que é eficiência!

Reagentes limitantes

Em uma reação química, normalmente um dos reagentes acaba e restam outros. O reagente que acaba primeiro é chamado de *reagente limitante*, e ele determina a quantidade de produto formado (em alguns problemas neste capítulo, informo qual reagente é o limitante dizendo que temos *um excesso* do(s) outro(s) reagente(s)).

Nesta seção, mostro como calcular qual reagente é o limitante.

Veja uma reação entre amônia e oxigênio.

$$4\ NH_3(g) + 5\ O_2(g) \rightarrow 4\ NO(g) + 6\ H_2O(g)$$

Suponha que iniciamos com 100,0 gramas de cada um e queremos saber quantos gramas de NO (monóxido de nitrogênio, algumas vezes chamado de *óxido nítrico*) podemos produzir. É preciso determinar o reagente limitante e basear os cálculos estequiométricos nele.

Para descobrir qual reagente é o limitante, calcule a proporção entre mol e coeficiente: calcule o número de mols da amônia e do oxigênio, depois divida cada um por seus coeficientes na equação química balanceada. Aquele com a menor proporção será o reagente limitante. Para a reação da amônia com o óxido nítrico, podemos calcular a proporção entre mol e coeficiente da amônia e do oxigênio assim:

$$\frac{100,0g\ NH_3}{1} \bullet \frac{1mol\ NH_3}{17,03g} = 5,87\ mols \div 4 = 1,47\ para\ NH_3$$

$$\frac{100,0g\ O_2}{1} \bullet \frac{1mol\ O_2}{32,00g} = 3,13\ mols \div 5 = 0,625\ para\ O_2$$

A amônia tem uma proporção de 1,47 e o oxigênio, 0,625. Como o oxigênio tem a menor proporção, ele é o reagente limitante e será a base dos cálculos.

$$\frac{100,0g\ O_2}{1} \bullet \frac{1\ mol\ O_2}{32,00g} \bullet \frac{4\ mols\ NO}{5\ mols\ O_2} \bullet \frac{30,01g\ NO}{1\ mol\ NO} = 75,02g\ NO$$

Os 75,02 gramas de NO são o rendimento teórico, mas podemos, ainda, calcular quanta amônia restou. Podemos calcular a quantidade de amônia consumida com esta equação:

$$\frac{100,0 \text{g} O_2}{1} \bullet \frac{1 \text{ mol } O_2}{32,00 \text{g}} \bullet \frac{4 \text{ mols NO}}{5 \text{ mols } O_2} \bullet \frac{17,03 \text{g NH}_3}{1 \text{ mol NH}_3} = 42,58 \text{g NH}_3$$

Começamos com 100,0 gramas de amônia e usamos 42,58 gramas dela. A diferença (100 gramas − 42,58 gramas = 57,42 gramas) é o que restou de amônia.

> **NESTE CAPÍTULO**
>
> » Aprendendo sobre solutos, solventes e soluções
> » Trabalhando com diferentes tipos de unidades de concentração de solução
> » Verificando as propriedades coligativas das soluções
> » Descobrindo os coloides

Capítulo 10
Saudação às Soluções

Neste capítulo, mostro algumas propriedades das soluções. Apresento os diferentes modos como os químicos representam a concentração de uma solução e explico suas propriedades coligativas (propriedades que dependem do número de partículas do soluto), então as relaciono à fabricação de sorvete e aos anticongelantes. Também apresento os coloides, primos em primeiro grau das soluções, e analiso a importância do tamanho da partícula. Então sente-se, saboreie sua solução preferida e leia tudo sobre as soluções.

Misturando Coisas com Solutos, Solventes e Soluções

Solução é uma mistura homogênea, significando que é igual em toda parte. Se dissolvermos açúcar na água e misturarmos bem, a mistura será basicamente igual, não importando onde pegamos uma amostra.

Uma solução é composta de um solvente e um ou mais solutos. O *solvente* é a substância presente em maior quantidade, e o *soluto* é o que está em menor quantidade. Essas definições funcionam na maioria das vezes, mas há alguns casos de sais extremamente solúveis, como o cloreto de lítio, no qual mais de 5g de sal podem ser dissolvidos em 5ml de água. Mas a água ainda é considerada o solvente, porque é a espécie que não mudou de estado.

E mais, pode haver mais de um soluto em uma solução. Podemos dissolver sal em água para produzir uma solução de salmoura e então dissolver açúcar na mesma solução. Assim temos dois solutos (sal e açúcar), mas ainda temos apenas um solvente, a água.

A maioria das pessoas pensa em líquidos quando imagina soluções, mas também podemos ter soluções de gases ou sólidos. A atmosfera terrestre, por exemplo, é uma solução. Como o ar é feito de quase 79% de nitrogênio, ele é considerado o solvente, e o oxigênio, o dióxido de carbono e outros gases são considerados os solutos. As ligas são soluções de um metal em outro metal. O latão é uma solução de zinco em cobre.

Como acontece a dissolução

Por que algumas coisas dissolvem em um solvente e não em outro? Por exemplo, óleo e água não se misturam para formar uma solução, mas o óleo se dissolve em gasolina.

LEMBRE-SE

Existe uma regra geral da solubilidade que diz *semelhante dissolve semelhante* em relação à polaridade do solvente e dos solutos. Um material *polar* é composto de ligações covalentes com uma extremidade positiva e uma negativa da molécula (para ter uma análise estimulante da água e suas ligações covalentes polares, veja o Capítulo 6). Uma substância polar, como a água, dissolve solutos polares, como sais e álcoois. Mas o óleo é composto de ligações em grande parte não polares, portanto, a água não age como um solvente adequado para ele.

Limites da concentração

Solubilidade é a quantidade máxima de soluto que dissolverá em certa quantidade de solvente em uma temperatura específica. Tenho certeza de que você já sabe, com base em suas próprias experiências, que há um limite para quanto soluto podemos dissolver em determinada quantidade de solvente. A maioria de nós já passou pela situação de colocar açúcar demais no chá gelado. Não importa o quanto mexemos, parte do açúcar não dissolvido fica no fundo do copo.

138   Química Essencial Para Leigos

LEMBRE-SE

Normalmente a solubilidade tem unidades de gramas de soluto por 100ml de solvente (g/100ml) e está relacionada à temperatura do solvente:

> » **Sólidos em líquidos:** Para os sólidos dissolverem em líquidos, a solubilidade normalmente aumenta com a elevação da temperatura. Por exemplo, se aquecermos o chá gelado, o açúcar no fundo será dissolvido imediatamente.
>
> » **Gases em líquidos:** Para os gases dissolverem em líquidos, como o oxigênio dissolvido na água de um lago, a solubilidade cai conforme a temperatura eleva. Essa é a base da *poluição térmica*; o acréscimo de calor à água que diminui a solubilidade do oxigênio e afeta a vida aquática.

Fatos saturados

Uma solução *saturada* contém a quantidade máxima possível de soluto dissolvido em certa temperatura. Se tem menos dessa quantidade, é chamada de solução *insaturada*. Às vezes, em circunstâncias incomuns, o solvente pode realmente dissolver além de sua quantidade máxima e se tornar *supersaturado*. Essa solução supersaturada é instável, e, cedo ou tarde, o soluto *precipitará* (formará um sólido) até que o ponto de saturação seja atingido.

Se uma solução é insaturada, então a quantidade de soluto dissolvido pode variar muito. Alguns termos bem vagos descrevem a quantidade relativa de soluto e solvente que podemos usar:

> » **Diluída:** Podemos dizer que a solução está *diluída*, significando que, relativamente falando, há muito pouco soluto por certa quantidade de solvente. Se dissolvemos 0,01g de cloreto de sódio em um litro de água, por exemplo, a solução está diluída. (Outra solução diluída? Uma margarita de US$1,00, como um dos meus alunos mostrou, que tem muito solvente [água] e muito pouco soluto [tequila].)
>
> » **Concentrada:** Uma solução *concentrada* contém uma grande quantidade de soluto por certa quantidade de solvente. Se dissolvemos 200g de cloreto de sódio em um litro de água, por exemplo, a solução está concentrada.

Mas suponha que dissolvemos 25g ou 50g de cloreto de sódio em um litro de água. A solução está diluída ou concentrada? Esses termos não servem muito bem para a maioria dos casos.

Entendendo as Unidades de Concentração da Solução

As pessoas precisam ter um método quantitativo para descrever a quantidade relativa de soluto e solvente em uma solução. Por exemplo, considere o caso das soluções intravenosas — elas devem ter uma quantidade muito precisa de soluto ou a vida do paciente pode estar em perigo. Os químicos usam *unidades de concentração da solução* para quantificar solutos e solventes.

Podemos usar várias unidades de concentração para descrever quantitativamente as quantidades relativas do(s) soluto(s) e do solvente. No dia a dia, usamos a porcentagem. Na química, a *molaridade* (os mols de soluto por litro de solução) é a unidade de concentração escolhida. Mas sob certas circunstâncias, outra unidade, a *molalidade* (os mols de soluto por quilograma de solvente) é usada. Eu uso partes por milhão ou partes por bilhão quando examino o controle da poluição. As próximas seções explicam essas unidades de concentração.

Porcentagem da composição

É provável que você tenha visto rótulos como "5% de ácido acético" em uma garrafa de vinagre, "3% de peróxido de hidrogênio" em um recipiente de água oxigenada, ou "5% de hipoclorito de sódio" em uma garrafa de água sanitária. Essas porcentagens expressam a concentração daquele soluto em particular em cada solução. *Porcentagem* é a quantidade por 100. Dependendo de como escolhemos expressá-la, as unidades da quantidade por 100 variam. São usadas comumente três porcentagens diferentes:

» Porcentagem de peso/peso (p/p)

» Porcentagem de peso/volume (p/v)

» Porcentagem de volume/volume (v/v)

Infelizmente, embora a porcentagem do soluto seja muitas vezes listada, o método (p/p, p/v, v/v) não é. Nesse caso, em geral, suponho que o método seja p/p, mas tenho certeza de que você conhece as suposições.

A maioria das soluções explicadas nos próximos exemplos dessas porcentagens é *aquosa*, com a água sendo o solvente.

Porcentagem de peso/peso

Na *porcentagem de peso/peso* ou *porcentagem de peso*, o peso do soluto é dividido pelo peso da solução e multiplicado por 100 para se obter a porcentagem. Em geral, a unidade de peso é o grama. Matematicamente, fica assim:

$$p/p\% = \frac{\text{gramas soluto}}{\text{gramas solução}} \cdot 100\%$$

Se, por exemplo, dissolvemos 5,0g de cloreto de sódio em 45g de água, a porcentagem do peso é:

$$p/p\% = \frac{5{,}0\text{g NaCl}}{50 \text{ gramas solução}} \cdot 100\% = 10{,}0\%$$

Portanto, a solução é de 10% (p/p).

A porcentagem de peso é a mais fácil de fazer. Suponha que você queira fazer 350,0g de uma solução de sacarose (açúcar de mesa) a 5% (p/p). Sabemos que 5% do peso da solução é açúcar, portanto, podemos multiplicar 350,0g por 0,05 para obter o peso do açúcar:

350,0 gramas × 0,05 = 17,5 gramas de açúcar

O resto da solução (350,0 gramas − 17,5 gramas = 332,5 gramas) é água. Basta pesar 17,5g de açúcar e somar a 332,5g de água para obter a solução a 5% (p/p).

Porcentagem de peso/volume

A *porcentagem de peso/volume* é muito parecida com a de peso/peso, mas, em vez de usar gramas da solução no denominador, ela usa mililitros:

$$p/v\% = \frac{\text{gramas soluto}}{\text{solução ml}} \cdot 100\%$$

Suponha que você queira fazer 100ml de uma solução de nitrato de potássio a 15% (p/v). Como está fazendo 100ml, já sabe que pesará 15g de nitrato de potássio (comumente chamado de salitre, KNO_3).

Agora temos algo um pouco diferente: estamos mais preocupados com o volume final da solução do que com a quantidade de solvente usada. Portanto, dissolvemos os 15g de KNO_3 em um pouco de água e diluímos em exatamente 100ml em um frasco volumétrico, ou seja, dissolvemos e diluímos 15g de KNO_3 em 100ml (costumo abreviar *dissolver e diluir* escrevendo *d & d*). Não saberemos exatamente quanta água colocar, mas não é importante, contanto que o volume final seja de 100ml.

Também podemos usar a porcentagem e o volume para calcular os gramas do soluto presente. Podemos querer saber quantos gramas de hipoclorito de sódio existem em 500ml de uma solução a 5% (p/v) de água sanitária para uso doméstico. Podemos estabelecer o problema assim:

$$\frac{5g\ NaOCl}{100ml\ solução} \cdot \frac{500ml\ solução}{1} = 25g\ NaOCl$$

Agora sabemos que temos 25g de hipoclorito de sódio em 500ml de solução.

Porcentagem de volume/volume

Se o soluto e o solvente forem líquidos, é conveniente usar uma *porcentagem de volume/volume*. Nessas porcentagens, o soluto e a solução são expressos em mililitros:

$$v/v\% = \frac{ml\ soluto}{ml\ solução} \cdot 100\%$$

As soluções de álcool etílico (para beber) são comumente feitas usando-se porcentagens de volume/volume. Se quisermos fazer 100ml de uma solução de álcool etílico a 50%, pegamos 50ml desse álcool e diluímos em 100ml com água. De novo, é um caso de dissolução e diluição para obter o volume requerido.

Não podemos somente adicionar 50ml de álcool a 50ml de água; pois teríamos menos de 100ml de solução. As moléculas polares da água atraem as moléculas polares do álcool, e isso tende a preencher a estrutura aberta das moléculas de água e impede a simples adição dos volumes.

Molaridade: Comparando soluto com solução

Molaridade é a unidade de concentração que os químicos usam com mais frequência, porque ela utiliza mols. O conceito de mol é essencial na química, e a molaridade permite que os cientistas trabalhem facilmente com soluções na estequiometria da solução.

A *molar¹dade (M)* é definida como os mols do soluto por litro de solução. Matematicamente, fica assim:

$$M = \frac{\text{mol soluto}}{\text{l solução}}$$

Por exemplo, podemos pegar um mol de KCl (peso da fórmula de 74,55 g/mol), dissolver e diluir 74,55 gramas em 1 litro de solução em um frasco volumétrico. Então temos uma solução de 1 molar de KCl. Podemos identificar a solução como 1 M KCl.

LEMBRE-SE

Ao preparar soluções molares, sempre dissolva e dilua para ter o volume requerido. Portanto, para dissolver 74,55g de KCl em 1 litro de solução, não adicione 74,55g a 1 litro de água. Queremos ter um volume final de 1 litro.

Veja outro exemplo: se 25,0g de KCl fossem dissolvidos e diluídos em 350,0ml, como calcularíamos a molaridade da solução? Sabemos que a molaridade são mols de soluto por litro de solução. Assim, podemos pegar os gramas, convertê-los em mols usando o peso da fórmula do KCl (74,55 g/mol) e dividi-los por 0,350l (350,0 ml). Podemos estabelecer a equação assim:

$$\frac{25{,}0\text{g KCl}}{1} \bullet \frac{1 \text{ mol KCl}}{74{,}55\text{g}} \bullet \frac{1}{0{,}350\text{l}} = 0{,}958\text{M}$$

Agora suponha que queremos preparar 2,00l de uma solução de 0,550M KCl. A primeira coisa a fazer é calcular quanto KCl precisamos pesar:

$$\frac{0{,}550 \text{ mol KCl}}{\text{l}} \bullet \frac{74{,}55\text{g KCl}}{1 \text{ mol}} \bullet \frac{2{,}00\text{l}}{1} = 82{,}0\text{g KCl}$$

Então, pegue os 82,0 gramas de KCl, dissolva e dilua em 2,00l.

Diluindo soluções para ter a molaridade certa

Existe um modo de preparar soluções: a diluição de uma solução mais concentrada em uma menos concentrada. Por exemplo, podemos comprar ácido clorídrico no fabricante como uma solução concentrada de 12,0M. Suponha que você queira preparar 500ml de 2,0M HCl. É possível diluir parte dos 12,0M em 2,0M, mas de quanto 12,0M HCl você precisa? Podemos calcular facilmente o volume (V) necessário com a seguinte fórmula:

$$V_{antigo} \times M_{antigo} = V_{novo} \times M_{novo}$$

Na equação anterior, V_{antigo} é o antigo volume ou o volume da solução original, M_{antigo} é a molaridade da solução original, V_{novo} é o volume da nova solução, e M_{novo} é a molaridade da nova solução. Após substituir os valores, temos o seguinte:

$$V_{antigo} \times 12,0M = 500,0ml \times 2,0M$$
$$V_{antigo} = (500,0ml \times 2,0M)/12,0M = 83,3ml$$

Então pegue os 83,3ml da solução de 12,0M HCl e dilua em exatos 500,0ml.

Se por acaso você estiver diluindo ácidos concentrados, *adicione o ácido à água*, não o contrário! Se for adicionada água ao ácido concentrado, será gerado tanto calor, que a solução provavelmente respingará em você. Para um procedimento seguro, você deve pegar cerca de 400ml de água, adicionar lentamente 83,3ml de HCl concentrado enquanto mexe e diluir os 500ml finais com água.

Molaridade na estequiometria: Descobrindo quanto é necessário

A utilidade da unidade de concentração da molaridade aparece rápido ao lidar com a estequiometria da reação. Por exemplo, suponha que você queira saber quantos mililitros de 2,50M de ácido sulfúrico são necessários para neutralizar uma solução com 100,0g de hidróxido de sódio. A primeira coisa a fazer é escrever a equação química balanceada para a reação:

$$H_2SO_4(aq) + 2\ NaOH(aq) \rightarrow 2H_2O(l) + Na_2SO_4(aq)$$

Sabemos que é preciso neutralizar 100,0g de NaOH. Podemos converter o peso em mols (usando o peso da fórmula de NaOH, 40,00 g/mol), e então converter mols de NaOH em mols de H_2SO_4. Depois, podemos usar a molaridade da solução ácida para obter o volume:

$$\frac{100,0g\ NaOH}{1} \bullet \frac{1\ mol\ NaOH}{40,00g} \bullet \frac{1\ mol\ H_2SO_4}{2\ mols\ NaOH} \bullet \frac{1}{2,5\ mols\ H_2SO_4}$$

$$\bullet \frac{1000ml}{1l} = 500,0ml$$

São necessários 500,0ml de solução de 2,50M H_2SO_4 para reagir completamente com a solução que contém 100g de NaOH.

Molalidade: Comparando soluto com solvente

Molalidade é outro termo de concentração que envolve mols de soluto. Não é muito usada, mas você pode encontrá-la. *Molalidade (m)* é definida como os mols de soluto por quilograma de solvente. É uma das poucas unidades de concentração que não usam o peso ou o volume da solução total. Matematicamente, fica assim:

$$m = \frac{mol\ soluto}{kg\ solvente}$$

Suponha, por exemplo, que queremos dissolver 15,0g de NaCl em 50,0g de água. Podemos calcular a molalidade assim (temos de converter 50,0g em quilogramas antes de usar na equação):

$$\frac{15,0g\ NaCl}{1} \bullet \frac{1\ mol}{58,44g\ NaCl} \bullet \frac{1}{0,0500\ kg} = 5,13m$$

Partes por milhão

Porcentagem e molaridade, e até a molalidade, são unidades convenientes para as soluções que os químicos fazem todos os dias no laboratório ou para as soluções comumente encontradas na natureza. Mas se começarmos a examinar as concentrações de certos poluentes no ambiente, descobriremos que elas são muitíssimo pequenas. A porcentagem e a molaridade funcionam quando medimos soluções no ambiente, mas não são muito convenientes. Para expressar as concentrações de soluções muito diluídas, os cientistas desenvolveram outra unidade de concentração: partes por milhão.

Porcentagem são partes por 100 ou gramas de soluto por 100 gramas de solução. *Partes por milhão (ppm)* são gramas de soluto por 1 milhão de gramas de solução, ou, como é comumente expresso, miligramas de soluto por quilograma de solução, que é o mesmo que proporção. É expressa assim porque os químicos podem pesar com facilidade os miligramas ou até décimos de miligramas, e se estivermos falando sobre soluções aquosas, um quilograma de solução é igual a um litro de solução. (A densidade da água é de 1 grama por mililitro ou 1 quilograma por litro. O peso do soluto nessas soluções é tão pequeno que é desprezado ao se converter de massa da solução para volume.)

Por lei, o nível máximo permitido de contaminação de chumbo na água potável é de 0,05ppm. Esse número corresponde a 0,05mg de chumbo por litro de água. É muito diluído. Para o mercúrio, o limite é de 0,002ppm. Às vezes, até essa unidade não é sensível o bastante, então os ambientalistas passaram a usar classificações em unidades de concentração de partes por bilhão (ppb) ou partes por trilhão (ppt). Algumas neurotoxinas são mortais em partes por bilhão.

> **NESTE CAPÍTULO**
>
> » **Descobrindo as propriedades de ácidos e bases**
> » **Descobrindo a teoria ácido-base**
> » **Diferenciando ácidos e bases fortes e fracos**
> » **Entendendo os indicadores**
> » **Vendo a escala de pH**

Capítulo 11
Ácidos e Bases

Ande por qualquer cozinha ou banheiro e encontrará muitos ácidos e bases. Abra a geladeira e encontrará refrigerantes cheios de ácido. Na despensa, temos vinagre e fermento químico, um ácido e uma base. Olhe o armário sob a pia e encontrará amônia e outros limpadores, a maioria sendo base. Repare naquele desentupidor com soda cáustica; é altamente básico. No armário de remédios temos aspirina, um ácido, e muitos tipos de antiácidos. O mundo cotidiano está repleto de ácidos e bases, assim como o mundo da química industrial. Neste capítulo, explico os ácidos e as bases, indicadores e pH e uma boa parte da química básica.

Observando as Propriedades dos Ácidos e das Bases

A Tabela 11-1 lista as propriedades dos ácidos e das bases que podemos observar no mundo à nossa volta.

TABELA 11-1 Propriedades dos Ácidos e das Bases

Propriedade	Ácido	Base
Prove (mas lembre-se: no laboratório, testamos, não provamos!)	Azedo	Amargo
Sinta na pele	Produz sensação de dor	Parece escorregadio
Reações	Reage com certos metais (magnésio, zinco e ferro) para produzir gás hidrogênio Reage com calcário e fermento químico para produzir dióxido de carbono	Reage com óleos e gorduras Reage com ácidos para produzir sal e água
Reação com papel de tornassol	Deixa o papel vermelho	Deixa o papel azul

Teoria Ácido-base de Brønsted-Lowry

Veja como a teoria de Brønsted-Lowry define ácidos e bases:

LEMBRE-SE

» *Ácido* é um doador de prótons (H^+)

» *Base* é um aceptor de prótons (H^+)

A base aceita H^+ fornecendo um único par de elétrons para uma ligação *covalente coordenada*, que é uma ligação covalente (par de elétrons compartilhado) na qual um átomo fornece ambos os elétrons para a ligação. Em geral, um átomo fornece um elétron para a ligação, e o outro átomo fornece o segundo elétron (veja o Capítulo 6). Na ligação covalente coordenada, um átomo fornece ambos os elétrons da ligação.

A Figura 11-1 mostra a reação NH_3/HCL usando a estrutura de elétrons e pontos dos reagentes e dos produtos (explico essas estruturas no Capítulo 7).

148   Química Essencial Para Leigos

FIGURA 11-1: Reação do NH₃ com HCl.

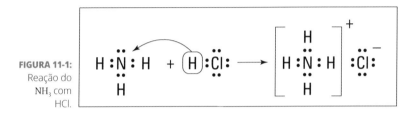

HCl é o ácido, ou doador de prótons, enquanto a amônia é a base, ou aceptora de prótons. A amônia tem um único par de elétrons sem ligação que pode ser fornecido para a ligação covalente coordenada.

Entendendo Ácidos e Bases Fortes e Fracos

Quero apresentar algumas categorias diferentes de ácidos e bases: fortes e fracos. *Forte* se refere à quantidade de ionização ou separação pela qual certo ácido ou base passa.

Força do ácido-base não é igual a concentração. *Concentração* se refere à quantidade de ácido ou base que temos inicialmente. Podemos ter uma solução concentrada de um ácido fraco, uma solução diluída de um ácido forte, uma solução concentrada de um ácido forte ou... bem, você entendeu.

Lembre-se: como informei antes, um ácido produz íons hidrônio (H_3O^+), e uma base reage com eles. Muitas vezes essa base será o íon hidróxido (OH^-). As concentrações desses íons de ácido e base serão importantes para nós.

Forte: Ionizando até o fim

Um ácido ou uma base é *forte* se ioniza completamente, ou seja, se os reagentes continuam criando produto até se esgotarem. Nesta seção, analiso ácidos e bases fortes.

CAPÍTULO 11 **Ácidos e Bases** 149

Cloreto de hidrogênio e outros ácidos fortes

Se dissolvemos o gás cloreto de hidrogênio em água, o HCl reage com as moléculas de água e doa um próton para elas:

$$HCl(g) + H_2O(l) \rightarrow Cl^- + H_3O^+$$

O íon H_3O^+ é chamado de hidrônio. Essa reação basicamente segue até a conclusão. Nesse caso, todo o HCl ioniza em H_3O^+ e Cl^- até não haver mais nenhum HCl. Como o HCl ioniza basicamente 100% em água, é considerado um ácido forte. Note que a água, nesse caso, age como uma base, aceitando o próton do cloreto de hidrogênio.

CALCULANDO A CONCENTRAÇÃO DE ÍONS NAS SOLUÇÕES

Como os ácidos fortes ionizam por completo, calcular a concentração dos íons na solução é fácil se soubermos a concentração inicial do ácido forte. Por exemplo, suponha que você coloque 0,1 mol de gás HCl em um litro de água (veja o Capítulo 9 para ter uma boa compreensão sobre mols). Podemos dizer que a concentração inicial de HCl é de 0,1M (0,1mol/l). *M* significa molaridade, e *mol/l* significa mols de soluto por litro (para ter uma análise detalhada da molaridade e de outras unidades de concentração, veja o Capítulo 10).

Podemos representar essa concentração de 0,1M para o HCl assim: [HCl] = 0,1. Aqui, os colchetes no composto indicam a concentração molar ou mol/l. Como o HCl ioniza completamente, vemos a partir da equação balanceada que para todo HCl que ioniza, obtemos um íon hidrônio e um íon cloreto. Portanto, a concentração de íons nessa solução de 0,1M HCl é:

$$[H_3O^+] = 0,1 \text{ e } [Cl^-] = 0,1$$

A relação entre a quantidade de ácido inicial e a quantidade de íons de ácido ou base no final é valiosa ao calcular o pH de uma solução (e fazemos exatamente isso na seção "Divirta-se com a Escala de pH", posteriormente neste capítulo).

VENDO OS ÁCIDOS FORTES COMUNS

A Tabela 11-2 lista os ácidos fortes mais comuns que provavelmente encontraremos. A maioria dos outros ácidos encontrados é fraca.

TABELA 11-2   Ácidos Fortes Comuns

Nome	Fórmula
Ácido clorídrico	HCl
Ácido bromídrico	HBr
Ácido iodídrico	HI
Ácido nítrico	HNO_3
Ácido perclórico	$HClO_4$
Ácido sulfúrico (primeira ionização apenas)	H_2SO_4

O ácido sulfúrico é chamado de ácido *diprótico*. Ele pode doar dois prótons, mas apenas a primeira ionização ocorre 100%. Os outros ácidos na Tabela 11-2 são *monopróticos*, porque doam apenas um próton.

Bases fortes: Íons hidróxido

As bases fortes são os compostos que se dissociam totalmente em água, produzindo algum cátion e o íon hidróxido. É o íon ao qual normalmente nos referimos como base, porque é o que aceita o próton. Calcular a concentração de íons hidróxido é bem simples. Suponha que tenhamos uma solução de 1,5M (1,5 mol/l) de NaOH. O hidróxido de sódio, um sal, se *dissocia* (separa) totalmente em íons:

$$NaOH \rightarrow Na^+ + OH^-$$

Se começamos com 1,5 mol/l de NaOH, temos a mesma concentração de íons:

$[Na^+] = 1,5$ e $[OH^-] = 1,5$

Fraco: Ionizando parcialmente

Um ácido ou base *fraca* ioniza apenas parcialmente. Os reagentes não esgotam totalmente enquanto criam os produtos, como acontece nos ácidos e nas bases fortes. Pelo contrário, esses reagentes estabelecem um equilíbrio. Nos *sistemas de equilíbrio*, duas reações químicas exatamente opostas, uma em cada lado da seta da reação, ocorrem no mesmo lugar, ao mesmo tempo, com a mesma velocidade de reação (para ter uma análise dos sistemas de equilíbrio, veja o Capítulo 7).

Ácido acético e outros ácidos fracos

Suponha que você dissolva ácido acético (CH_3COOH) em água. Ele reage com as moléculas de água, doando um próton e formando íons hidrônio. Também estabelece o equilíbrio, quando temos uma boa quantidade de ácido acético não ionizado.

DICA

A reação do ácido acético com água fica assim:

$$CH_3COOH(l) + H_2O(l) \leftrightarrow CH_3COO^- + H_3O^+$$

A quantidade de íon hidrônio obtida nas soluções de ácidos que não ionizam por completo é muito menor do que no ácido forte. Os ácidos que ionizam apenas parcialmente são chamados de *fracos*. No caso do ácido acético, cerca de 5% ionizam, e 95% permanecem na forma molecular.

Calcular a concentração de íons hidrônio em soluções ácidas fracas não é tão simples quanto nas soluções fortes, porque nem todo ácido fraco que dissolve inicialmente ionizou. Para calcular isso, devemos usar a expressão da constante de equilíbrio do ácido fraco. O Capítulo 7 explica a expressão K_{eq} que representa o sistema de equilíbrio. Para as soluções ácidas fracas, usamos uma expressão da constante de equilíbrio modificada, chamada K_a, a *constante de ionização do ácido*.

DICA

Um modo de diferenciar os ácidos fortes dos fracos é procurar um valor da constante de ionização do ácido (K_a). Se o ácido tiver um valor K_a, então é fraco.

Veja a ionização generalizada de um ácido fraco HA:

$$HA + H_2O \leftrightarrow A^- + H_3O^+$$

A expressão K_a desse ácido fraco é:

$$K_a = \frac{[H_3O^+][A^-]}{[HA]}$$

Note que *[HA]* representa a concentração molar do HA *em equilíbrio*, e não inicialmente. E mais, veja que a concentração da água não aparece na expressão K_a, porque há tanta, que realmente se torna uma constante incorporada na expressão K_a.

Agora volte para o equilíbrio do ácido acético. O K_a do ácido acético é $1,8 \times 10^{-5}$. A expressão K_a da ionização desse ácido é:

$$K_a = 1,8 \bullet 10^{-5} = \frac{[H_3O^+][CH_3COO^-]}{[CH_3COOH]}$$

Podemos usar K_a ao calcular a concentração de íons hidrônio em, digamos, uma solução com 2,0M de ácido acético. Sabemos que a concentração inicial do ácido é 2,0M. Sabemos que um pouquinho ionizou, formando uma pequena quantidade de íon hidrônio e íon acetato. Também podemos ver com a reação balanceada que, para cada íon hidrônio formado, um íon acetato também é formado, portanto, suas concentrações são iguais. Podemos representar a quantidade de $[H_3O^+]$ e $[CH_3COO^-]$ como *x*, então

$$[H_3O^+] = [CH_3COO^-] = x$$

Para produzir a quantidade *x* de íons hidrônio e acetato, é preciso ter a mesma quantidade de ácido acético ionizado. Assim, podemos representar a quantidade de ácido acético restante em equilíbrio como a quantidade inicial, 2,0M, menos a quantidade que ioniza, *x*:

$$[CH_3COOH] = 2,0 - x$$

Na grande maioria das situações, podemos dizer que *x* é muito pequeno em comparação com a concentração inicial do ácido fraco. Então podemos dizer que $2,0 - x$ é aproximadamente igual a 2,0. Isso significa que podemos aproximar a concentração em equilíbrio do ácido fraco de sua concentração inicial. Agora a expressão fica assim:

$$K_a = 1,8 \bullet 10^{-5} = \frac{[x][x]}{[2,0]} = \frac{[x]^2}{[2,0]}$$

CAPÍTULO 11 **Ácidos e Bases** 153

Nesse ponto, podemos determinar x, que é [H_3O^+]:

$$(1{,}8 \times 10^{-5})[2{,}0] = [x]^2$$
$$6{,}0 \times 10^{-3} = [H_3O^+]$$

Bases fracas: Amônia

As bases fracas, como os ácidos fracos, reagem com água para estabelecer um sistema de equilíbrio. A amônia é uma base fraca típica. Ela reage com a água para formar os íons amônio e hidróxido:

$$NH_3(g) + HO_2(l) \rightleftarrows NH_4^+ + OH^-$$

Como um ácido fraco, uma base fraca só é ionizada parcialmente. Há uma expressão da constante de equilíbrio modificada para essas bases: K_b. Usamos do mesmo modo como K_a (veja "Ácido acético e outros ácidos fracos" para obter detalhes), exceto que a solução resulta em [OH^-].

Reações de Ácido-base: Usando o Sistema Brønsted-Lowry

A teoria de Brønsted-Lowry determina que as reações de ácido--base são uma competição por um próton. Por exemplo, veja a reação da amônia com a água:

$$NH_3(g) + HO_2(l) \rightleftarrows NH_4^+ + OH^-$$

A amônia é uma base (aceita o próton) e a água é um ácido (doa o próton) na reação para a frente (esquerda para a direita). Mas na reação inversa (direita para a esquerda), o íon amônio é um ácido e o íon hidróxido é uma base.

Se a água é um ácido mais forte que o íon amônio, então há uma concentração relativamente grande de íons amônio e hidróxido em equilíbrio. Porém, se o íon amônio é um ácido mais forte, existe muito mais amônia que íon amônio no equilíbrio.

Brønsted e Lowry afirmaram que um ácido reage com uma base para formar pares conjugados de ácido-base. Esses pares diferem por um único H^+. NH_3 é uma base, por exemplo, e NH_4^+ é seu ácido conjugado. H_2O é um ácido na reação entre a amônia e a água, e H_2O^- é sua base conjugada. Nessa reação, o íon hidróxido é uma base forte e a amônia é uma base fraca, portanto, o equilíbrio se deslocou para a esquerda; não há muito mais hidróxido em equilíbrio.

Agindo como ácido ou base: Água anfótera

A água pode agir como ácido ou base, dependendo da combinação. As substâncias que podem agir como ácido ou base são chamadas de *anfóteras*. Se colocamos água em um ácido, ela age como base, e vice-versa. Por exemplo, quando o ácido acético reage com a água, ela age como uma base ou um aceitador de próton. Mas na reação com amônia, a água age como um ácido ou um doador de próton (veja a seção anterior "Fraco: Ionizando parcialmente" para obter detalhes sobre as duas reações).

Mas a água pode reagir consigo mesma? Pode. Duas moléculas de água podem reagir entre si, com uma doando um próton e a outra o aceitando:

$$H_2O(l) + H_2O(l) \rightleftarrows H_3O^+ + OH^-$$

Essa reação está em equilíbrio. Uma constante de equilíbrio modificada, chamada K_w (que significa *constante de dissociação da água*), é associada a essa reação. K_w tem um valor $1,0 \times 10^{-14}$ e a seguinte forma:

$$1,0 \times 10^{-14} = K_w = [H_3O^+][OH^-]$$

Em água pura, $[H_3O^-]$ é igual a $[OH^-]$ a partir da equação balanceada, portanto, $[H_3O^+] = [OH^-] = 1,0 \times 10^{-7}$. O valor K_w é uma constante.

Esse valor permite converter de [H⁺] em [OH⁻], e vice-versa, em *qualquer* solução aquosa, não apenas em água pura. Nas soluções aquosas, as concentrações de íons hidrônio e hidróxido raramente serão iguais. Mas se soubermos uma delas, K_w permitirá descobrir a outra.

Veja o problema da solução de ácido acético com 2,0M na seção "Ácido acético e outros ácidos fracos" anteriormente neste capítulo. Descobrimos que $[H_3O^+]$ é $6,0 \times 10^{-3}$. Agora temos um meio de calcular [OH⁻] na solução usando a relação K_w:

$$K_w = 1,0 \times 10^{-14} = [H_3O^+][OH^-]$$
$$1,0 \times 10^{-14} = [6,0 \times 10^{-3}][OH^-]$$
$$\frac{1,0 \times 10^{-14}}{6,0 \times 10^{-3}} = [OH^-]$$
$$1,7 \times 10^{-12} = [OH^-]$$

Mostrando as Cores Reais com Indicadores de Ácido-base

Indicadores são substâncias (corantes orgânicos) que mudam de cor na presença de um ácido ou de uma base. Você pode estar familiarizado com uma planta indicadora de ácido-base, a hortênsia. Se ela cresce em solo ácido, fica rosa; se cresce em solo alcalino, fica azul.

Em química, os indicadores são usados para mostrar a presença de um ácido ou uma base. Os químicos têm muitos indicadores que mudam em pHs ligeiramente diferentes, mas os dois indicadores mais usados são o papel de tornassol e a fenolftaleína. Explico ambos nesta seção.

Fazendo um teste de cor rápido com papel de tornassol

Tornassol é uma substância extraída de um tipo de líquen e absorvida em papel poroso. Há três tipos diferentes: vermelho, azul e neutro. O tornassol vermelho é usado para testar bases, o tornassol azul é usado para testar ácidos e o tornassol neutro pode ser usado para testar ambos. Veja como o papel reage a ácidos e bases:

> » Se uma solução for ácida, os tornassóis azul e neutro ficarão vermelhos.
>
> » Se for básica, os tornassóis vermelho e neutro ficarão azuis.

O papel de tornassol é um teste bom e rápido para ácidos e bases.

Fenolftaleína: Encontrando a concentração com titulação

A fenolftaleína (pronunciado como *fe-nol-fta-leína*) é um indicador usado comumente. Ela é:

> » Clara e incolor em uma solução ácida.
> » Rosa em uma solução básica.

Os químicos usam a fenolftaleína em um procedimento chamado *titulação*, em que eles determinam a concentração de um ácido ou uma base por sua reação com uma base ou um ácido de concentração conhecida (veja o Capítulo 10 para ter informações sobre a molaridade e outras unidades de concentração da solução). Veja como avaliar uma solução ácida usando a titulação:

1. **Adicione algumas gotas de fenolftaleína a um volume conhecido de solução ácida que deseja testar.**

Como você está adicionando o indicador a uma solução ácida, a solução no frasco permanece clara e incolor.

Suponha, por exemplo, que queira determinar a concentração molar de uma solução HCl. Primeiro coloque um volume conhecido (digamos 25,00ml medidos com precisão com uma pipeta) em um frasco de Erlenmeyer (com uma forma cônica e achatado no fundo) e adicione algumas gotas de solução fenolftaleína.

2. **Acrescente pequenas quantidades medidas de uma base de molaridade conhecida (concentração) até a solução ficar rosa-claro.**

Acrescente pequenas quantidades de uma solução de hidróxido de sódio (NaOH) com molaridade conhecida (por exemplo, 0,100M) com uma *bureta* (um tubo de vidro graduado com uma pequena abertura e uma válvula reguladora, que ajuda a medir volumes precisos da solução). Continue adicionando base até a solução ficar com um tom de rosa muito claro. Chamo isso de *ponto final* da titulação, o ponto no qual o ácido foi exatamente neutralizado pela base.

3. Escreva a equação balanceada para a reação.

Veja a reação:

$$HCl(aq) + NaOH(aq) \rightarrow H_2O(l) + NaCl(aq)$$

4. Calcule a molaridade da solução ácida.

A partir da equação balanceada, podemos ver que o ácido e a base reagem em uma proporção de 1:1 mol. Portanto, se pudermos calcular os mols das bases adicionadas, também saberemos o número de mols do HCl presente. Suponha que sejam necessários 35,50ml de 0,100M de NaOH para atingir o ponto final da titulação dos 25,00ml da solução de HCl. Saber o volume da solução ácida permitirá calcular a molaridade (note que convertemos mililitros em litros para as unidades se cancelarem):

$$\frac{0,100 \text{ mol NaOH}}{l} \cdot \frac{0,03550l}{1} \cdot \frac{1 \text{ mol HCl}}{1 \text{ mol NaOH}}$$
$$\cdot \frac{1}{0,02500l} = 0,0142M \text{ HCl}$$

Podemos calcular a titulação de uma base com uma solução ácida padrão (com concentração conhecida) exatamente do mesmo modo, exceto que o ponto final é o primeiro desaparecimento da cor rosa.

Divirta-se com a Escala de pH

A acidez de uma solução está relacionada à concentração do íon hidrônio nela: quanto mais ácida for a solução, maior a concentração. Em outras palavras, uma solução na qual [H_3O^+] é igual a $1{,}0 \times 10^{-2}$ é mais ácida do que uma na qual [H_3O^+] é igual a $1{,}0 \times 10^{-7}$.

LEMBRE-SE

Cientistas desenvolveram a *escala de pH*, com base no [H_3O^+], para identificar com mais facilidade, só de olhar, a acidez relativa de uma solução. O *pH* é definido como o logaritmo negativo (abreviado como *log*) de [H_3O^+]. Matematicamente, fica assim:

$$pH = -\log[H_3O^+]$$

Em água pura, [H_3O^+] é igual a $1{,}0 \times 10^{-7}$, com base na constante de dissociação da água, K_w (veja "Agindo como ácido ou base: Água anfótera", anteriormente neste capítulo). Usando essa relação matemática, podemos calcular o pH da água pura:

$pH = -\log[H_2O^+]$
$pH = -\log[1,0 \times 10^{-7}]$
$pH = -[-7]$
$pH = 7$

LEMBRE-SE

O pH da água pura é 7. Os químicos chamam esse ponto na escala de *neutro*. Uma solução é *ácida* se tem um $[H_3O^+]$ maior que o da água e um pH menor que 7. Uma solução *básica* tem um $[H_3O^+]$ menor que o da água e um pH maior que 7.

A escala de pH é infinita. Podemos ter uma solução de pH que registra menos que 0 (por exemplo, uma solução de 10M de HCl tem um pH −1). Porém, a faixa de 0 a 14 é conveniente de usar para os ácidos e as bases fracos, e para diluir soluções de ácidos e bases fortes. A Figura 11-2 mostra a escala de pH.

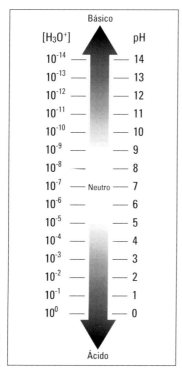

FIGURA 11-2: Escala de pH.

CAPÍTULO 11 **Ácidos e Bases** 159

O [H_3O^+] de uma solução de 2,0M de ácido acético é $6,0 \times 10^{-3}$. Vendo a escala de pH, notamos que a solução é ácida. Agora calcule o pH desta solução:

$$pH = -\log[H_3O^+]$$
$$pH = -\log[6,0 \times 10^{-3}]$$
$$pH = -[-2,22]$$
$$pH = 2,22$$

O p*H* é o logaritmo negativo de [OH^-] e pode ser útil ao calcular o pH de uma solução. Podemos calcular o pOH de uma solução exatamente como o pH pegando o log negativo da concentração de íons hidróxido. Se usarmos a expressão K_w (que permite calcular o [H_3O^+], caso tenhamos [OH^-]; veja a seção "Agindo como ácido ou base: Água anfótera") e pegarmos o log negativo nos dois lados, teremos $14 = pH + pOH$. Essa equação facilita passar de pOH para pH.

Assim como podemos converter de [H_3O^+] para pH, também podemos passar de pH para [H_3O^+]. Para tanto, use a chamada *relação de antilogaritmo*, que é

$$[H_3O^+] = 10^{-pH}$$

O sangue humano, por exemplo, tem um pH de 7,3. Veja como calcular o [H_3O^+] a partir do pH do sangue:

$$[H_3O^+] = 10^{-pH}$$
$$[H_3O^+] = 10^{-7,3}$$
$$[H_3O^+] = 5,01 \times 10^{-8}$$

Podemos usar o mesmo procedimento para calcular o [OH^-] a partir de pOH.

NESTE CAPÍTULO

» **Aceitando a Teoria Molecular Cinética dos Gases**
» **Entendendo as leis dos gases**

Capítulo 12
Esclarecendo os Gases

Os gases estão em todo lugar. Em geral, como são invisíveis, podemos não pensar neles diretamente, mas com certeza temos consciência de suas propriedades. Respiramos uma mistura de gases que chamamos de ar. Verificamos a pressão nos pneus do carro e a pressão atmosférica para saber se uma tempestade se aproxima. Queimamos gases na churrasqueira a gás e isqueiros. Enchemos balões de aniversário para nossos entes queridos.

Neste capítulo, apresento os gases nos níveis microscópico e macroscópico. Mostro uma das teorias mais bem-sucedidas da ciência: a Teoria Molecular Cinética dos Gases. Explico as propriedades macroscópicas deles e mostro suas inter-relações importantes. Também mostro como essas relações entram em cena nos cálculos das reações químicas que envolvem gases. Este capítulo está cheio de gás!

Teoria Molecular Cinética: Suposições sobre Gases

Uma teoria é útil para os cientistas se descreve o sistema físico examinado e permite-os prever o que acontecerá se mudarem alguma variável. A Teoria Molecular Cinética dos Gases faz exatamente isso. Ela tem limitações (como todas as teorias), mas é uma das mais úteis em química. Veja seus postulados básicos, ou seja, suposições, hipóteses, axiomas (escolha o seu favorito) que podemos aceitar como sendo consistentes com o que observamos na natureza:

» **Postulado 1: Os gases são compostos de partículas minúsculas, podendo ser átomos ou moléculas.** A menos que estejamos analisando uma matéria em temperaturas realmente altas, as partículas referidas como gases tendem a ser relativamente pequenas. As partículas maiores se agrupam para formar líquidos ou até sólidos, portanto, as partículas de gás normalmente são pequenas e com pesos atômicos e moleculares reativamente pequenos.

» **Postulado 2: As partículas de gás são tão pequenas, quando comparadas com as distâncias entre elas, que o volume que elas ocupam é desprezado e considerado como sendo zero.** As partículas de gás individuais ocupam volume; é uma das propriedades da matéria. Mas se essas partículas são pequenas (e muito) e não há muitas delas em um recipiente, dizemos que seu volume é *insignificante* em comparação com o volume do recipiente ou o espaço entre elas. Com certeza, elas têm volume, mas é tão pequeno, que é desprezado (como uma nota de dois reais na rua não representa muito para um multimilionário; pode servir também como papel de rascunho).

Isso explica por que os gases são comprimíveis. Há muito espaço entre as partículas de gás, portanto, podemos apertá-las. Isso não é possível nos sólidos e nos líquidos, nos quais as partículas estão *muito* mais próximas.

» **Postulado 3: As partículas de gás estão em constante movimento aleatório, movendo-se em linha reta e colidindo com as partes internas do recipiente.** As partículas de gás estão sempre se movendo em linha reta. Elas continuam sua trajetória até colidirem com algo, ou seja, entre si ou com as paredes internas do recipiente. Elas também se movem em diferentes direções, assim, as colisões com as paredes do recipiente tendem a ser uniformes em toda a parte interna. Um balão, por exemplo, é relativamente esférico porque as partículas de gás atingem todos os pontos de suas paredes internas, e essa colisão é chamada de *pressão*.

Esse postulado explica por que os gases se misturam uniformemente se os colocamos no mesmo recipiente. Também explica por que, quando deixamos cair um vidro de perfume barato em um canto do cômodo, as pessoas do outro lado conseguem sentir o cheiro de imediato.

» **Postulado 4: As partículas de gás são consideradas como tendo forças de atração ou repulsão insignificantes entre si.** Em outras palavras, supomos que as partículas de gás sejam totalmente independentes, não se atraindo nem repelindo. Dito isso, se essa suposição fosse correta, os químicos nunca conseguiriam liquefazer um gás, como é possível. Mas as forças de atração e repulsão são geralmente tão pequenas, que podemos ignorá-las com segurança.

A suposição é mais válida para os gases não polares, como o hidrogênio e o nitrogênio, porque as forças atrativas envolvidas são as *forças de London*, as forças fracas relacionadas ao vai e vem dos orbitais de elétrons. Mas se as moléculas de gás são polares, como na água e no HCl, essa suposição pode se tornar um problema, pois as forças são maiores (veja o Capítulo 6 para ter informações sobre as forças de London e as coisas polares, tudo relacionado à atração entre moléculas).

» **Postulado 5: As partículas de gás podem colidir entre si. Essas colisões são consideradas *elásticas*, com a quantidade total de energia cinética das duas partículas permanecendo igual.** Quando as partículas de gás se chocam, nenhuma *energia cinética* (energia do movimento) é perdida, ou seja, o tipo de energia não muda; as partículas ainda usam toda essa energia para se movimentar. Porém, a energia cinética pode ser transferida de uma partícula de gás para outra. Por exemplo, imagine duas partículas de gás colidindo: uma se movendo rápido, e a outra, devagar. A que se move devagar ricocheteia na partícula mais rápida e se afasta em maior velocidade do que tinha antes, e a que se move rápido ricocheteia na partícula mais lenta e se afasta em uma velocidade menor. Mas a soma da energia cinética permanece igual.

» **Postulado 6: A temperatura Kelvin é diretamente proporcional à energia cinética *média* das partículas de gás.** As partículas de gás não se movem todas com a mesma quantidade de energia cinética. Algumas são relativamente lentas, e outras se movem muito rápido, mas a maioria fica entre esses dois extremos. A temperatura, sobretudo quando medida usando-se a escala de temperatura Kelvin, está diretamente relacionada à energia cinética *média* do gás. Se aquecemos o gás para que a temperatura Kelvin (K) aumente, a energia cinética média do gás também aumenta. (**Nota:** Para calcular a temperatura Kelvin, some 273 à temperatura Celsius: $K = °C + 273$. As escalas de temperatura e a energia cinética média são detalhadas no Capítulo 1.)

CAPÍTULO 12 **Esclarecendo os Gases**

LEMBRE-SE

Um gás que cumpre todos os postulados da Teoria Molecular Cinética é chamado de gás ideal. É óbvio que nenhum gás real segue com exatidão as suposições feitas no segundo e no quarto postulados. Mas um gás não polar em altas temperaturas e baixa pressão (concentração) se aproxima do comportamento de um gás ideal.

Relacionando as Propriedades Físicas e as Leis do Gás

Várias leis científicas descrevem as relações entre quatro importantes propriedades físicas dos gases:

» Volume

» Pressão

» Temperatura (em unidades Kelvin)

» Quantidade

Esta seção explica essas várias leis. As leis de Boyle, Charles e Gay-Lussac descrevem, cada uma, a relação entre duas propriedades, ainda mantendo as outras duas propriedades constantes, ou seja, pegamos duas propriedades, mudamos uma, depois vemos seu efeito na segunda. Outra lei, uma combinação das leis individuais de Boyle, Charles e Gay-Lussac permite variar mais de uma propriedade ao mesmo tempo.

Essa lei combinada não permite variar a propriedade física da quantidade. Mas a Lei de Avogadro sim. E existe até uma lei do gás ideal, que permite levar em conta as variações em todas as quatro propriedades físicas.

Lei de Boyle: Pressão e volume

LEMBRE-SE

A *Lei de Boyle* (nomeada segundo Robert Boyle, um cientista inglês do século XVII) descreve a reação entre pressão e volume dos gases, caso a temperatura e a quantidade do gás sejam mantidas constantes. A lei estabelece que existe uma relação inversa entre volume e pressão do ar (a colisão das partículas de gás com as paredes internas do recipiente): quando o volume diminui, a pressão aumenta, e vice-versa. Ele determinou que o produto da pressão e do volume é uma constante (k).

$$PV = k$$

Suponha que você tenha um cilindro contendo certo volume de gás a certa pressão. Quando diminui o volume, o mesmo número de partículas de gás agora fica contido em um espaço muito menor e o número de colisões aumenta muito. Portanto, a pressão é maior.

Agora considere um caso em que temos um gás a certa pressão (P_1) e volume (V_1). Se mudarmos o volume para um novo valor (V_2), a pressão também muda para um novo valor (P_2). Podemos usar a Lei de Boyle para descrever os dois conjuntos de condições:

$$P_1 V_1 = k$$
$$P_2 V_2 = k$$

A constante, k, ficará igual nos dois casos, portanto, podemos dizer o seguinte, caso a temperatura e a quantidade de gás não mudem:

$$P_1 V_1 = P_2 V_2$$

Essa equação é outra afirmação da Lei de Boyle e é muito mais útil, porque normalmente lidamos com mudanças na pressão e no volume.

Se soubermos três das quantidades anteriores, poderemos calcular a quarta. Por exemplo, suponha que temos 5,00l de um gás a uma pressão de 1,00 atm e diminuímos o volume para 2,00l. Qual é a nova pressão? Use a fórmula. Substitua P_1 por 1,00 atm, V_1 por 5,00l, e V_2 por 2,00l, então determine P_2:

$$P_1 V_1 = P_2 V_2$$
$$(1,00 \text{ atm})(5,00\text{l}) = P_2(2,00\text{l})$$
$$P_2 = (1,00 \text{ atm})(5,00\text{l})/2,00\text{l} = 2,50 \text{ atm}$$

A resposta faz sentido; diminuímos o volume e a pressão aumentou, e é exatamente isso que afirma a Lei de Boyle.

Lei de Charles: Volume e temperatura

A Lei de Charles (nomeada segundo Jacques Charles, um químico francês do século XIX) se refere à relação entre volume e temperatura, mantendo a pressão e a quantidade de gás constantes. Já deixou um monte de balões em um carro quente enquanto fazia outra coisa? Notou que eles expandiram quando voltou para o carro?

A Lei de Charles estabelece que o volume é diretamente proporcional à temperatura Kelvin. Matematicamente, a leia fica assim:

$V = bT$ ou $V/T = b$ (onde b é uma constante)

É uma relação direta: conforme a temperatura aumenta, o volume aumenta, e vice-versa. Por exemplo, se colocássemos um balão no congelador, ele ficaria menor. Dentro do congelador, a pressão externa, ou atmosférica, é igual, mas a partículas de gás dentro do balão não se movem tão rápido, portanto, o volume diminui para manter a pressão constante. Se aquecemos o balão, ele expande, e o volume aumenta.

Se a temperatura de um gás com certo volume (V_1) e temperatura Kelvin (T_1) muda para uma nova temperatura Kelvin (T_2), o volume também muda (V_2):

$$V_1 / T_1 = b \ V_2 / T_2 = b$$

A constante, b, é igual, portanto:

$V_1 / T_1 = V_2 / T_2$ (com a pressão e a quantidade de gás mantidas constantes e as temperaturas expressas em K)

Se temos três dessas quantidades, podemos calcular a quarta. Por exemplo, suponha que você viva no Alasca e está ao ar livre no meio do inverno, com uma temperatura de –23°C. Você enche um balão para que ele tenha um volume de 1,00l. Depois o leva para dentro de casa, onde a temperatura é de agradáveis 27°C. Qual é o novo volume do balão?

Primeiro, converta as temperaturas em Kelvin adicionando 273 à temperatura Celsius:

Dentro: –23° C + 273 = 250 K
Fora: 27° C + 273 = 300 K

Agora é possível determinar V_2, com o seguinte esquema:

$$V_1/T_1 = V_2/T_2$$

Multiplique os dois lados por T_2 para que V_2 fique em um lado da equação sozinho:

$$[V_1/T_2]/T_1 = V_2$$

Depois substitua os valores para calcular a seguinte resposta:

[(1,00l)(300K)]/250K = V_2 = 1,20l

É uma resposta razoável, porque a Lei de Charles determina que se aumentamos a temperatura Kelvin, o volume aumenta.

Lei de Gay-Lussac: Pressão e temperatura

A Lei de Gay-Lussac (nomeada em homenagem ao cientista francês Joseph-Louis Gay-Lussac do século XIX) lida com a relação entre pressão e temperatura de um gás, caso seu volume e quantidade sejam mantidos constantes. Por exemplo, imagine que temos um tanque metálico de gás. O tanque tem certo volume, e o gás dentro dele tem certa pressão. Se aquecemos o tanque, aumentamos a energia cinética das partículas de gás. Então agora elas se movem muito mais rápido e atingem as paredes internas do tanque não só com maior frequência, mas com maior força. A pressão aumentou.

A Lei de Gay-Lussac estabelece que a pressão é diretamente proporcional à temperatura Kelvin. Matematicamente, essa lei fica assim:

$P = kT$ (ou $P/T = k$ em volume e quantidade constantes)

Considere um gás a certa temperatura Kelvin e pressão (T_1 e P_1), com as condições sendo alteradas para uma nova temperatura e pressão (T_2 e P_2):

$P_1/T_1 = P_2/T_2$

Se temos um tanque de gás a uma pressão de 800 torr, uma temperatura de 250K e ele é aquecido a 400K, qual é a nova pressão? Começando com $P_1/T_1 = P_2/T_2$, multiplique os dois lados por T_2 para determinar P_2:

$[P_1 / T_1]/T_1 = P_2$

Agora substitua os valores para calcular a seguinte resposta:

P_2 = [(800 torr)(400K)]/250K = 1.280 torr

É uma resposta razoável, porque, se aquecemos o tanque, a pressão deve aumentar.

Lei do gás combinada: Pressão, volume e temperatura

Podemos combinar as Leis de Boyle, Charles e Gay-Lussac em uma equação para lidar com situações em que duas ou até três propriedades do gás mudam. Acredite, você não quer que eu mostre exatamente como é feito, mas o resultado final é chamado de *lei do gás combinada* e fica assim:

$$P_1V_1/T_1 = P_2V_2/T_2$$

P é a pressão do gás (em atm, mm Hg, torr etc.), V é o volume (nas devidas unidades), e T é a temperatura (em Kelvin). Os números $_1$ e $_2$ significam as condições inicial e final, respectivamente. A quantidade de gás ainda é constante: nenhum gás é adicionado nem escapa. Há seis quantidades envolvidas nessa lei de gás combinada; conhecer cinco permite calcular a sexta.

Por exemplo, suponha que um balão meteorológico com um volume de 25,0l a uma pressão de 1,00 atm e temperatura de 27°C suba a uma altitude na qual a pressão é de 0,500 atm e a temperatura é de –33°C. Qual é o novo volume do balão?

Antes de trabalhar no problema, raciocine um pouco. A temperatura diminui e faz o volume reduzir (Lei de Charles). Mas a pressão também diminui, o que faz o balão expandir (Lei de Boyle). Esses dois fatores estão competindo, portanto, nesse ponto, não sabemos qual vencerá.

Como estamos procurando o novo volume (V_2), reorganizamos a lei do gás combinada para obter a seguinte equação (multiplicando cada lado por T_2 e dividindo cada um por P_2, deixando V_2 sozinho em um lado):

$$[P_1V_1T_2]/[P_2T_1] = V_2$$

Agora identifique as quantidades:

$P_1 = 1,0$ atm; $V_1 = 25,0$l; $T_1 = 27°C + 273 = 300,0K$
$P_2 = 0,500$ atm; $T_2 = -33°C + 273 = 240,0K$

Agora substitua os valores para calcular a seguinte resposta:

V_2 [(1,00 atm)(25,0l(240,0K)]/[(0,500 atm)(300,0K)] = 40,0l

Como o volume aumentou nesse caso, a Lei de Boyle teve maior efeito que a Lei de Charles.

Lei de Avogadro: A quantidade de gás

Amedeo Avogadro (o mesmo Avogadro que nos deu seu famoso número de partículas por mol; veja o Capítulo 9) determinou, a partir de seu estudo dos gases, que volumes iguais de gases à mesma temperatura e pressão contêm números iguais de partículas de gás. Portanto, a Lei de Avogadro estabelece que o volume de um gás é diretamente proporcional ao número de mols de gás (número de partículas de gás) a uma temperatura e pressão constantes. Matematicamente, a Lei de Avogadro fica assim:

$$V = kn \quad \text{(em temperatura e pressão constantes)}$$

Nessa equação, k é uma constante e n é o número de mols do gás. Se temos um número de mols de gás (n_1) em um volume (V_1) e os mols mudam devido a uma reação (n_2), o volume também muda (V_2), dando a equação:

$$V_1/n_1 = V_2/n_2$$

LEMBRE-SE

Uma consequência muito interessante da Lei de Avogadro é que podemos calcular o volume de um mol de gás a qualquer temperatura e pressão. Uma forma muito útil de saber ao calcular o volume de um mol de gás é que 1 mol de qualquer gás nas CNTP ocupa 22,4l. CNTP nesse caso, não é um óleo nem aditivo para gasolina; significa condições normais de temperatura e pressão.

> » **Pressão padrão:** 1,00 atm (760 torr ou mm Hg)
>
> » **Temperatura padrão:** 273K

A relação entre mols de gás e litros fornece um meio de converter o gás de uma massa em um volume. Por exemplo, suponha que temos 50,0g de gás oxigênio (O_2) e queremos saber seu volume nas CNTP. Podemos determinar o problema assim (veja os Capítulos 9 e 10 para obter os detalhes do uso de mols em equações químicas):

$$\frac{50,0g\ O_2}{1} \times \frac{1\ mol\ O_2}{32,0g} \times \frac{22,4l}{1\ mol\ O_2} = 35,0l$$

Agora sabemos que 50,0g de gás oxigênio ocupam um volume de 35,0l em CNTP.

Se o gás não estiver em CNTP, poderemos usar a lei do gás combinada (na seção anterior) para encontrar o volume na pressão e na temperatura novas ou podemos usar a equação do gás ideal, que mostro em seguida.

Equação do gás ideal: Juntando tudo

Se pegarmos as leis de Boyle, Charles, Gay-Lussac e Avogadro e as colocarmos em um liquidificador e ligarmos em alta velocidade por um minuto, teremos a *equação do gás ideal*, um modo de trabalhar com o volume, a temperatura, a pressão e a quantidade de um gás. Essa equação tem a seguinte forma:

$$PV = nRT$$

P representa a pressão nas atmosferas (atm), *V* representa o volume em litros (l), *n* representa mols de gás, *T* representa a temperatura em Kelvin (K), e *R* representa a *constante do gás ideal*, que é 0,0821l atm/K-mol.

LEMBRE-SE

Usando o valor da constante do gás ideal, a pressão deve ser expressa em atm, e o volume, em litros. Podemos calcular as outras constantes do gás ideal se realmente quisermos usar torr e mililitros, por exemplo, mas por que se dar ao trabalho? É mais fácil gravar um valor para *R* e se lembrar de expressar a pressão e o volume nas devidas unidades. Naturalmente, sempre expressarmos a temperatura em Kelvin ao trabalhar com qualquer tipo de problema com a lei do gás.

A equação do gás ideal fornece um modo fácil de converter um gás de uma massa em um volume, caso o gás não esteja em CNTP. Por exemplo, qual é o volume de 50,0g de oxigênio a 2,00 atm e 27,0°C? A primeira coisa que temos que fazer é converter os 50,0g de oxigênio em mols usando o peso molecular do O_2:

(50,0g) • (1 mol/32,0g) = 1,562 mol

Agora pegue a equação do gás ideal e reorganize-a para poder determinar *V*.

$$PV = nRT$$
$$V = nRT/P$$

Adicione as quantidades conhecidas para calcular a seguinte resposta:

V = [(1,562 mol)• 0,0821l atm/K-mol) •(300K)]/ 2,00 atm = 19,2l

NESTE CAPÍTULO

» Revendo algumas grandes descobertas
» Investigando algumas pessoas famosas da ciência

Capítulo 13
Dez Descobertas Curiosas na Química

A química nem sempre sai como o planejado. Este capítulo apresenta dez histórias de grandes cientistas que descobriram algo que não sabiam que estavam procurando.

Arquimedes: Pelado em Público

Arquimedes foi um matemático grego que viveu no século III a.c. Hero, rei da Siracusa, deu a Arquimedes a tarefa de determinar se sua nova coroa de ouro era de ouro puro, como deveria ser, ou se o joalheiro tinha substituído o ouro por uma liga e embolsado o ouro extra. Arquimedes descobriu que, se pudesse medir a densidade da coroa e compará-la com a do ouro puro, saberia se o joalheiro havia sido desonesto. Mas embora soubesse como medir o peso da coroa, não conseguia descobrir como medir seu volume para obter a densidade.

Precisando relaxar, decidiu se banhar nos banhos públicos. Quando entrou na banheira cheia e viu a água transbordar, percebeu que o volume de seu corpo imerso era igual ao volume da água que transbordou. Ele teve a resposta para medir o volume da coroa. Diz a lenda que ele ficou tão empolgado, que correu nu pelas ruas até chegar em casa, gritando: "Eureca, eureca!" (Descobri!)

CAPÍTULO 13 **Dez Descobertas Curiosas na Química** 171

Vulcanização da Borracha

A borracha, na forma de látex, foi descoberta no início do século XVI na América do Sul, mas teve pouca aceitação, porque ficava pegajosa e perdia sua forma no calor. Charles Goodyear tentava um meio de tornar a borracha estável, quando, sem querer, derramou um pouco de borracha misturada com enxofre em um forno quente. Ele notou que o composto resultante não perdeu sua forma no calor. Goodyear patenteou o *processo de vulcanização*, o processo químico de tratar a borracha ou plástico cru ou sintético para que adquira propriedades úteis, como elasticidade, resistência e estabilidade.

Geometria Molecular

Em 1884, o setor de vinho francês contratou Louis Pasteur para estudar um composto deixado nos barris de vinho durante a fermentação, o ácido racêmico. Pasteur sabia que esse ácido era idêntico ao ácido tartárico, que era conhecido por ser *oticamente ativo*, ou seja, ele desvia a luz polarizada para uma direção ou outra. Quando Pasteur examinou o sal de ácido racêmico em um microscópio, notou a existência de dois tipos de cristais e que eles espelhavam a imagem um do outro. Usando pinças, ele separou com cuidado os dois tipos de cristais e determinou que eram oticamente ativos, desviando a luz polarizada na mesma quantidade, mas em direções diferentes. Essa descoberta abriu uma nova área da química e mostrou como é importante a geometria molecular para as propriedades das moléculas.

Corante Roxo

Em 1856, William Perkin, aluno do Royal College of Chemistry, em Londres, decidiu ficar em casa durante a Páscoa e trabalhar em seu laboratório na síntese da quinina. (Garanto que trabalhar no laboratório não é o que meus alunos fazem na Páscoa!) Durante os experimentos, Perkin criou uma substância viscosa preta. Quando estava limpando o frasco da reação com álcool, percebeu que a substância dissolvia e deixava o álcool violeta; na verdade, roxo. Foi a síntese do primeiro corante artificial.

Kekulé: O Grande Sonhador

Friedrich Kekulé, um químico alemão, estava trabalhando na fórmula estrutural do benzeno, C6H6, na metade dos anos 1860. Tarde da noite, ele estava sentado em seu apartamento diante da lareira, começando a cochilar, e, no processo, viu grupos de átomos serpenteando nas chamas, como cobras. De repente, uma das cobras chegou perto e fez um círculo ou um anel. Essa visão trouxe Kekulé de volta à consciência, e ele percebeu que o benzeno tinha uma estrutura em anel. O modelo de Kekulé para o benzeno preparou o caminho para o estudo moderno dos compostos aromáticos.

Descobrindo a Radioatividade

Em 1856, Henri Becquerel estudava a *fosforescência* (brilho) de certos minerais expostos à luz. Em seus experimentos, ele pegava uma amostra de mineral, colocava-a sobre uma chama fotográfica bem coberta e a expunha à forte luz solar. Ele se preparava para realizar um desses experimentos quando algumas nuvens cobriram Paris. Becquerel colocou uma amostra de mineral sobre a chapa e guardou-a em uma gaveta, para protegê-la. Dias depois, ele foi revelar a chapa fotográfica, e, para sua surpresa, encontrou a imagem brilhante do cristal, mesmo que não tivesse sido exposto à luz. A amostra continha urânio. Becquerel tinha descoberto a radioatividade.

Descobrindo Algo Realmente Liso: Teflon

Roy Plunkett, um químico da empresa DuPont, descobriu o Teflon em 1938. Ele trabalhava na síntese de novos refrigerantes. Havia recebido um tanque cheio de gás tetrafluoretileno no laboratório, mas quando abriu a válvula, não saiu nada. Ele imaginou o que tinha acontecido, então abriu o tanque. Encontrou uma substância branca muito lisa e não reativa. O gás tinha polimerizado em uma substância agora chamada de Teflon, que foi usado durante a Segunda Guerra Mundial para fabricar juntas e válvulas para a fábrica de processamento da bomba atômica. Após a guerra, finalmente o Teflon entrou na cozinha como um revestimento antiaderente para frigideiras.

Cole e Solte! Notas Adesivas

Na metade dos anos 1970, um químico chamado Art Frey trabalhava para a 3M na divisão de adesivos. Frey, que cantava em um coral, usava pedacinhos de papel para marcar o livro de canto, mas eles sempre caíam. Em dado momento, ele se lembrou de um adesivo que havia sido desenvolvido, mas rejeitado, alguns anos antes, porque não segurava firme as coisas. Na segunda-feira seguinte, ele passou um pouco desse adesivo "ruim" em um pedaço de papel e descobriu que funcionava muito bem como marcador; ele soltava sem deixar resíduos. Assim nasceram as notinhas adesivas amarelas que agora encontramos coladas em todo lugar.

Crescimento Capilar

No final dos anos 1970, o minoxidil, patenteado pela Upjohn, era usado para controlar a pressão arterial. Em 1980, o Dr. Anthony Zappacosta mencionou em uma carta publicada no *The New England Journal of Medicine* que um de seus pacientes, usando o minoxidil para pressão alta, estava começando a ter cabelo em sua cabeça quase careca. Dermatologias ficaram sabendo, e um deles, a Dra. Virginia Fiedler-Weiss, esmagou alguns comprimidos e fez uma solução que seus pacientes aplicaram de maneira tópica. Funcionou em muitos casos, e agora vemos o Minoxidil como um remédio para crescimento capilar vendido sem prescrição médica.

Mais Doce que Açúcar

Em 1879, um químico chamado Fahlberg trabalhava em um problema de síntese no laboratório. Sem querer, derramou em sua mão um dos novos compostos criados e notou que era doce. Ele chamou essa nova substância de *sacarina*. James Schlatter descobriu a doçura do *aspartame* enquanto trabalhava em um composto usado na pesquisa de úlcera. Por acaso, ele ficou com um pouco dos ésteres criados nos dedos. Notou a doçura quando os lambeu enquanto pegava um pedaço de papel.

Índice

A
ácido-base, 149
ácido diprótico, 151
actinídeos, 36
adesivo, 174
agente
    oxidante, 117
    redutor, 117
Amedeo Avogadro, 129, 169
anfótera, água, 155
ânions, 59
ânodo, 124
Arquimedes, princípio, 14
aspartame, 174
átomo, 10, 17
    central, 78
atração eletrostática, 65
Avogadro, número, 129

B
balanceamento, 47
    por tentativa e erro, 100
balancear equação, 100
bateria chumbo-ácida, 126
Brønsted-Lowry, teoria, 148, 154
bureta, 157

C
calor, 16
caloria (cal), 16
captura de elétrons, 51
carga parcial, 86
catalisador
    heterogêneo, 110–111
    homogêneo, 111
cátion, 58, 114
cátodo, 124
célula
    eletrolítica, 124
    galvânica, 123
cinética, 107

classificação, 10, 35
CNTP, 169
coeficiente, 90, 100
composição percentual, 131
composto, 11
    binário, 76
    prefixos, 76
    diatômico, 72
comprimento, 12
concentração, 149
    molar, 104
condensação, 7
configuração do elétron, 29
constante
    de dissociação da água, 155
    de equilíbrio, 104
    de ionização do ácido, 152
contar por peso, 128
corante artificial, 172

D
Daniell, célula, 123
datação radioativa, 53
decaimento nuclear, 48
defeito de massa, 54
densidade, 14
deposição, 9
deutério, isótopo do hidrogênio, 31, 56
diagrama do nível de energia, 27
dipolo, 86
Dmitri Mendeleev, 36

E
ebulição, 8–9
Einstein, 54
elemento, 10
eletrodos, 123
eletrólise, 125
eletrólito, 33, 70
eletronegatividade, 83
elétrons

Índice   175

de ligação, 80
de não ligação, 80
de valência, 30
e pontos, fórmula, 73
emissão de radiação gama, 50
emparelhamento de spin, 28
energia, 14
  cinética, 15, 91, 163
  de ativação, 92
  potencial, 15
equação
  iônica, 96
  iônica líquida, 96, 116
equações químicas, 90
equilíbrio químico, 103
  dinâmico, 102
Erlenmeyer, frasco, 157
escala de pH, 158
estado de transição, 93
estequiometria, 133, 143
estresse, modos, 105
estrutura cristalina, 7–8

F
famílias A, descrição, 60
fenolftaleína, 157
fissão nuclear, 54
força de London, 87, 163
força intermolecular, tipos, 87
fórmula
  de elétrons e pontos, 78
  de Lewis, 78, 81
  empírica, 77, 131
  estrutural, 78
  estrutural condensada, 83
  molecular, 77–78
forte, ácido ou base, 149
fosforescência, 173
fraco, ácido ou base, 152
fusão, 8–9, 56

G
galvanização, 125
gases nobres, 57

gás ideal, 164
  equação, 170
gasoso, estado, 7
geometria molecular, 172

H
Haber, processo, 100, 132
heterogênea, mistura, 12
hidrônio, 150
homogênea, mistura, 11

I
indicadores, 156
interação dipolo-dipolo, 87
intermediários, componentes, 92
íon-elétron, método, 119
íon férrico, 69
íons, 19, 58
  espectadores, 96, 122
  poliatômicos, 63
isoeletrônicos, átomos, 59, 71
isolante, 87
isômeros, 78
isótopos, 46
  fissionáveis, 55

J
joule (J), 16

L
lantanídeos, 36
Le Chatelier, princípio, 105
lei
  combinada, 168
  da conservação de energia, 15
  de Avogadro, 164, 169
  de Boyle, 164
  de Charles, 165
  de conservação das massas, 99
  de Gay-Lussac, 167
  do gás combinada, 169
Lewis, fórmula estrutural, 73
ligação
  covalente, 65, 72

coordenada, 148
  não polar, 85
  polar, 85
  de hidrogênio, 87-88
  iônica, 65
  metálica, 74
  tripla, 75
ligas, 74
líquido, estado, 7
logaritmo natural (ln), 53

M
mar de elétrons, 74
massa (m), 13-14
  atômica, 36
  crítica, 55
matéria, 6
material
  polar, 138
meia-vida, 52
metais, 39
metaloides, 36, 42
minoxidil, 174
misturas, 11
molalidade, 140, 145
molaridade, 140, 143
molécula diatômica, 72
mol, unidade, 129
mudança
  de estado, 6
  de fase, 7

N
não eletrólitos, 70
não metais, 41
nomenclatura, 69
número
  atômico, 20, 36
  de massa, 20
nuvens de elétrons, 72

O
oxidação, 62, 114
  números, 117

P
pares conjugados de ácido-base, 154
partículas
  alfa, 49
  beta, 49
  gama, 49
periodicidade, 36
peso
  fórmula, 128
  molecular, 128
poliatômicos, íons, 63
ponte salina, 123
ponto
  de congelamento (pc), 8
  de ebulição (pe), 9
  de fusão (pf), 8
porcentagem
  do rendimento, 134
  peso/peso, 141
  peso/volume, 141
  volume/volume, 142
pósitron, emissão, 51
pressão, 106, 162
princípio da incerteza, 21
princípio de Aufbau, 28
processo de Haber, 104, 133
produtos, 47, 90
proporção estequiométrica, 134
propriedades
  físicas, 13
    extensivas, 13
    intensivas, 13
  químicas, 13
prótons, 10

Q
queima, 99
quilocaloria (kcal), 16

R
radioatividade, 46, 173
reação
  de combustão, 99
  de decomposição, 94

Índice   177

de dupla troca, 97
   neutralização, 98
   precipitação, 97
de simples troca, 95
de síntese, 94
eletroquímica, 114
em cadeia, 55
endotérmica, 93
exotérmica, 92
nuclear, 47
redox, 99–100, 113
reagente, 47, 90
   limitante, 135
redução, 114–115
redução/oxidação, reação, 99
regra
   cruzada, 67
   de Hund, 28
   do octeto, 58
relação de antilogaritmos, 160
rendimento
   real, 134
   teórico, 134

S
sacarina, 174
sais, 33, 65
semimetais, 42
semi-reações, 114
série, 48
seta da reação, 47
síntese, 127
sistema internacional (SI), 5
sistemas de equilíbrio, 152
sítio reativo, 91, 108
solidificação, 8
sólido, estado, 6
solubilidade, 138
solução, 11, 137
   aquosa, 95
   balancear

   ácida, 120–121
   básica, 120–121
   insaturada, 139
   saturada, 139
   supersaturada, 139
soluto, 137
solvente, 137
spin
   emparelhamento de, 28
subcrítica, 56
sublimação, 9
substância pura, 10

T
tabela periódica, 35–36
   famílias, 43
   períodos, 43
teflon, 173
temperatura, 16, 92, 106
   escalas, 16
teoria quântica, 21
titulação
   ponto final, 157
tornassol, papel, 156
transmutação nuclear, 48
trítio, 31, 56

U
u.m.a., 128
unidade
   partes por bilhão (ppb), 146
   partes por milhão (ppm), 146
   partes por trilhão (ppt), 146
   unidades de concentração da solução, 140

V
Vale do Silício, 42
volume (v), 13–14
vulcanização, 172